LE MENTOR

Mène ta propre enquête !

LE MENTOR

Valérie Caron

Conception graphique de la couverture : Marc-Antoine Rousseau
Conception graphique et mise en page : Marie Blanchard
Révision : François Major-Cardinal
Correction d'épreuves : Richard Bélanger
Illustrations : Evelyne Arcouette

Imprimé au Canada

ISBN : 978-2-89642-301-9

Dépôt légal — Bibliothèque et Archives nationales du Québec, 2011
© 2011 Éditions Caractère

Gouvernement du Québec — Programme de crédit d'impôt pour
l'édition de livre — Gestion SODEC

Nous reconnaissons l'aide financière du gouvernement du
Canada par l'entremise du Fond du livre du Canada (FLC) pour
nos activités d'édition.

Visitez le site des Éditions Caractère

TABLE DES MATIÈRES

INTRODUCTION

L es heures les plus sombres sont celles qui précèdent le lever du soleil.

Au *Mentor*, on apprend dans l'adversité. Les instants les plus noirs et troubles de notre vie nous apportent souvent des révélations. On en tire les leçons les plus édifiantes. C'est par ses réactions aux embûches qu'on prouve sa valeur et qu'on découvre des forces enfouies en soi, ignorées jusqu'alors. J'ai choisi ma cohorte d'Aspirants selon cet état d'esprit. Je voulais des caractères qui se confrontent, des esprits rebelles. Je l'avoue, je voulais des flammèches, et peut-être même un peu de violence, cette année, dans la Résidence. Du drame, des engueulades ; n'est-ce pas ce à quoi aspire tout bon Maître du Jeu ?

Le Mentor est une téléréalité aux allures de camp de vacances, mais les jeux qu'on y joue se révèlent dangereux. Mes neuf Aspirants sont isolés et confinés durant trois mois dans une demeure, la RÉSIDENCE, isolée au cœur d'une forêt. Il s'agit en fait d'une maisonnette aux dimensions modestes, favorisant la proximité. Cela, vous vous en doutez, a tôt fait d'exacerber les tensions. Chaque jour, les Aspirants s'affrontent dans des défis mesurant leurs facultés physiques et mentales, leur audace, et leur influence sur le groupe. Tous restent au *Mentor* coûte que coûte : aucune élimination n'a lieu durant le jeu. Les participants cumulent des points leur accordant des privilèges, ou en perdent et voient leur qualité de vie diminuer au profit des autres.

Au *Mentor*, les missions sont des leçons qu'on ne peut refuser. Les Aspirants doivent aller aux confins de leur personnalité et ne reculer devant rien. Je les ai choisis, car je les savais capables de tout.

Cependant, je n'aurais jamais pu prévoir ce qui s'est produit le soir du 10 mai, aux alentours de 23 h 45. Un meurtre a été commis. Ou plutôt, « presque » commis, puisque la victime, Steve, a repris connaissance après avoir été assommée et étranglée. Était-ce un simple avertissement ou une tentative avortée ? C'est le mystère que j'ai essayé de percer en interrogeant chacun des Aspirants.

Voici d'abord un résumé des faits.

C'était la fête au *Mentor*. Les filles avaient eu comme mission de préparer la soirée en soixante minutes, sous peine de se faire enlever des points. Elles s'étaient donc activées comme des abeilles à gonfler des ballons, à accrocher des lumières, à monter le bar, selon un plan complexe fourni par nul autre que moi, leur Mentor. Je les notais sur leur participation et leur implication créative. Toutes ont relevé le défi haut la main. En général, les filles s'entendent assez bien, et les internautes ont eu beaucoup de plaisir à entendre leur discussion en simultanée.

Vers 22 h 30, l'alcool coulait à flot, la fête battait son plein. Gars et filles dansaient… Soudainement, la Résidence fut plongée dans l'obscurité la plus totale. Les Aspirants, habitués à ce genre de mise en scène, se sont mis à la recherche de chandelles. C'est lorsque les lumières se sont rallumées que nous avons tous constaté ce qui s'était passé.

Steve, le participant le plus détestable et le plus détesté, gisait inconscient sur le plancher de la salle de bain. Un bouquet de ballons était noué autour de son cou; le ruban avait laissé de profondes traces rouges dans sa chair. Près de lui, un vase fracassé et un poisson frétillant qui cherchait son air. Ce sont Chuck et Christelle qui ont fait l'inquiétante découverte. Vous les connaîtrez sous peu.

Il faut dire que Steve a un caractère exécrable. Je lui donnais beaucoup de défis à relever, car il avait un cran fou — ce que j'appellerais «une belle inconscience», ce que certains Aspirants préfèrent qualifier «d'idiotie pure». Leur jalousie, mêlée à l'irritation, n'a certes pas aidé sa cause. Plusieurs ont dit qu'il *méritait* ce qui lui était arrivé.

Cela vous paraîtra sans doute un peu étrange, mais au début, personne ne s'est vraiment alarmé de cet incident, Steve ayant déjà mis en scène sa propre mort pour créer un événement-choc. Sous mes conseils, il avait alors enduit ses poignets de faux sang, s'était maquillé pour pâlir sa peau, puis s'était plongé dans le bain, dont il avait teinté l'eau pour qu'elle devienne écarlate. À côté du bain: une lettre de suicide, que vous lirez tout à l'heure. Lisabelle avait été assez ébranlée de le découvrir dans cet état. À vrai dire, l'effet était saisissant. Il est donc normal que les Aspirants croient encore à une mascarade et soient persuadés que je suis, à nouveau, de mèche avec le principal intéressé. Il n'en est rien, je vous l'assure. Je n'ai pas commandé un deuxième suicide. À de nombreuses reprises, je me suis demandé si Steve ne s'était pas organisé lui-même pour mettre en scène sa mort une seconde fois.

Les Aspirants sont habitués de contenir leurs émotions ou de les camoufler derrière un personnage qu'ils se sont créé pour l'émission. Certains y parviennent mieux que d'autres. En menant les interrogatoires, j'ai tenté de piéger les Aspirants, que je connaissais pour avoir étudié leurs personnalités de fond en comble ; malgré cela, et même si j'avais accès à toutes les archives vidéo, ce n'est pas moi qui ai mis le point final à cette enquête. Une information cruciale m'a échappé. Je me demande si vous ferez mieux que moi. Je vous lance le défi, tiens ! Fouillez de fond en comble les profils, les extraits, les témoignages, les interrogatoires. Tout est là. Surtout, ne vous découragez pas, allez jusqu'au bout. Rappelez-vous que les heures les plus sombres sont celles qui précèdent le lever du soleil.

– LE MENTOR

Fiches des Aspirants

Je les ai choisis pour leur différence et parce que je sentais chez eux toute une trame d'émotions sous-jacentes, le potentiel d'exploser sous la pression. Mais je ne me doutais pas que ça se manifesterait avec autant de violence.

Voici la fiche que les futurs Aspirants ont remplie en s'inscrivant à l'émission, fiche qui a servi lors des auditions. Plus bas, les commentaires de l'équipe : leurs perceptions des candidats à la suite de chacune des auditions.

– LE MENTOR

Le Mentor

Steve

Âge : 25 ans

Taille : 160 cm

Yeux : Bruns

Cheveux : Bruns

Occupation :
Étudiant en sociologie

Une personne qui t'inspire :
Le gars de Microsoft

Film préféré de tous les
temps : *Zombieland*

Animal préféré :
Les serpents

Votre adage :
On n'a qu'une vie à vivre !

Pourquoi aimerais-tu
participer à la téléréalité
Le Mentor ? :
Pour gagner.

Commentaires du jury :

Ego démesuré compensant sa petite taille. Dit tout ce qui lui passe par la tête. Répliques baveuses. Pas de filtre. Pas particulièrement beau, mais un certain charisme. A même osé un commentaire désobligeant sur l'un des juges. Pas froid aux yeux.

Bon potentiel à foutre le trouble.

Entrevue, p. 20

Témoignage, p. 37

Interrogatoire, p. 151

Le Mentor

Miranda

Âge : 24 ans

Taille : 167 cm

Yeux : Bruns

Cheveux : Bruns

Occupation : Esthéticienne

Une personne qui t'inspire : Ma tante

Film préféré de tous les temps : *Sex and the City*

Animal préféré : Les poneys

Votre adage : *L'essentiel est invisible pour les yeux.*

Pourquoi aimerais-tu participer à la téléréalité *Le Mentor*? : C'est une chance unique de se faire voir, de découvrir de nouvelles facettes de ma personnalité et, qui sait, de trouver l'amour.

Commentaires du jury :

Superbe fille. Charmeuse. Princesse. Mannequin de catalogue, doit courir les concours de talents. Regarde toutes les téléréalités. Veut percer dans le milieu des arts. N'exerce aucun art en particulier. Aimerait gratter la guitare.

Distribution : Belle fille avec un plus.
Petite dictatrice? Faille à mettre au jour.
Intéressante.

Entrevue, p.16
Témoignage, p.41
Interrogatoire, p.133

Le Mentor

Chuck

Âge : 23 ans

Taille : 180 cm

Yeux : Bleus

Cheveux : Châtains

Occupation : Paysagiste

Une personne qui t'inspire : Mon grand-père, qui a construit lui-même son chalet à 78 ans.

Film préféré de tous les temps : *L'homme qui plantait des arbres*

Animal préféré : Le chien

Votre adage : *Un tiens vaut mieux que deux tu l'auras.*

Pourquoi aimerais-tu participer à la téléréalité *Le Mentor*? : Pour vivre quelque chose de spécial, d'unique, que je ne revivrai pas deux fois.

Commentaires du jury :

Beau. Terre-à-terre. Côté bûcheron timide. Hésite avant de parler, léger bégaiement. Nerveux. Excellente forme physique. Doux malgré physique imposant. Les filles du jury perdent la tête.

Témoignage, p. 45
Interrogatoire, p. 173

Le Mentor

Lisabelle

Âge : 23 ans

Taille : 157 cm

Yeux : Bruns

Cheveux : Blonds

Occupation : Intervenante en travail social

Une personne qui t'inspire : Ma sœur

Film préféré de tous les temps : *21 grammes*

Animal préféré : Mon chat

Votre adage : *Tout vient à point à qui sait attendre.*

Pourquoi aimerais-tu participer à la téléréalité *Le Mentor ?* : Pour sortir de ma zone de confort et rencontrer de nouvelles personnes. C'est un défi personnel.

Commentaires du jury :

Très jolie. Émotive. Timide. Refuse de porter un bikini pour le défilé maillot. Voix douce et mélodieuse. Suscite la curiosité. Parle de son chat. Rit longtemps d'une de nos blagues. Belle fébrilité.

Distribution : La fille d'à côté

Entrevue, p. 22

Témoignage, p. 49

Interrogatoire, p. 155

Le Mentor

Charline

Âge : 24 ans

Taille : 150 cm

Yeux : Bleus

Cheveux : Brun foncé

Occupation : Étudiante en techniques juridiques

Une personne qui t'inspire : Che Guevara

Film préféré de tous les temps : *Erin Brockovich*

Animal préféré : Le lion

Votre adage : *Donne à manger à un cochon, il viendra chier sur ton perron.*

Pourquoi aimerais-tu participer à la téléréalité *Le Mentor?* : Parce que je suis *tannée* de mes études. J'ai envie de voir autre chose, d'être quelqu'un d'autre pour un instant. J'ai le goût de m'exprimer, je vais donner tout un spectacle !

Commentaires du jury :

Bombe. Extravertie, volubile. Grande-gueule. Critique tout. Justice, revendication, opinion. Caractère. Trop négative ?

Témoignage, p. 53

Interrogatoire, p. 167

Le Mentor

Frank

Âge : 26 ans

Taille : 178 cm

Yeux : Bruns

Cheveux : Noirs

Occupation : Professeur d'arts martiaux

Une personne qui t'inspire : Mohammed Ali

Film préféré de tous les temps : *Ali*

Animal préféré : Le tigre

Votre adage : *À vaincre sans péril, on triomphe sans gloire.*

Pourquoi aimerais-tu participer à la téléréalité *Le Mentor* ? : J'aime bien tester mes limites. Je n'ai pas peur de mon côté sombre et de la confrontation. Je veux me dépasser et si je gagne, j'aurai l'argent nécessaire pour ouvrir ma propre école d'arts martiaux.

Commentaires du jury :

Ténébreux. Visage dur. S'éclaire quand il sourit. Belle maturité. Sagesse. Enfance dans milieu défavorisé. La famille est très importante pour lui. Aîné d'une famille nombreuse. Tatouages.

Distribution : Le chef, le sage

Entrevue, p. 18

Témoignage, p. 59

Interrogatoire, p. 139

Le Mentor

Donovan

Âge : 22 ans

Taille : 165 cm

Yeux : Verts

Cheveux : Bruns

Occupation : Comédien

Une personne qui t'inspire : Jean Lapointe

Film préféré de tous les temps : *Forrest Gump*

Animal préféré : La girafe

Votre adage : *La vie est un théâtre où, un jour, nous aurons nos quinze minutes de gloire.*

Pourquoi aimerais-tu participer à la téléréalité *Le Mentor* ? : Justement, pour vivre mon 15 minutes de gloire. Je ne sais pas ce que l'avenir me réserve, aussi bien profiter de cette visibilité pendant qu'elle passe. La vie est courte et je ne veux pas avoir de regrets.

Commentaires du jury :

Danse, chante, à l'aise devant le public. Intense. Blague beaucoup pour cacher sa nervosité. Belle personnalité. Voix forte. Diction impeccable.

Témoignage, p. 63
Interrogatoire, p. 145

Distribution : Clown

Le Mentor

Marie-Aude

Âge : 24 ans

Taille : 157 cm

Yeux : Bleus

Cheveux : Bruns

Occupation : Étudiante en psychologie

Une personne qui t'inspire : Le commandant Piché

Film préféré de tous les temps : *Memento*

Animal préféré : Le caméléon

Votre adage : *Aide-toi et le ciel t'aidera.*

Pourquoi aimerais-tu participer à la téléréalité *Le Mentor ?* : Pour observer les comportements humains et voir les répercussions de l'enfermement sur les relations personnelles. L'expérience m'aidera certainement à mieux comprendre mes futurs patients !

Commentaires du jury :

Passionnée par la psycho. Pose beaucoup de questions. Cérébrale. Observatrice. But clair : observer les comportements humains et non gagner.
Étrange. Peut être amusante. Intéressant pour la dynamique de groupe.

Témoignage, p. 69
Interrogatoire, p. 179

Le Mentor

Christelle

Âge : 22 ans

Taille : 160 cm

Yeux : Verts

Cheveux : Blonds

Occupation : Barmaid

Une personne qui t'inspire : Ma mère

Film préféré de tous les temps : *The Notebook*

Animal préféré : Le cygne

Votre adage : Je ne sais pas ce que c'est.

Pourquoi aimerais-tu participer à la téléréalité *Le Mentor*? : Je m'ennuie des camps de vacances où j'allais quand j'étais jeune. Je suis fatiguée de toujours tout décider dans ma vie. Je veux être dirigée, qu'on me dise quoi faire pendant deux mois. En sortant, peut-être que je saurai davantage ce que je veux.

Commentaires du jury :

Enfant. Poupée. Extrêmement jolie. Sexy. Dévoile son corps, mais en semble détachée. Fait semblant de ne pas comprendre les questions. Peut faire 25 *push-up* facilement. Impressionnante. Joue-t-elle l'innocente? Parle souvent de ses parents.

Distribution : Poupée, petite fille

Entrevue, p. 24
Témoignage, p. 73
Interrogatoire, p. 161

Extraits de journaux et de magazines

Avant leur entrée dans la Résidence, quelques Aspirants ont eu la chance d'être interviewés par des journaux et des magazines. Certains se dévoilent plus que d'autres… Vous découvrirez ici des pans de leur passé.

– LE MENTOR

Vedette Plus

« J'ai *flushé* le poisson rouge de mon ex aux toilettes. »

– Miranda

Lorsqu'on l'a aperçue sur le tapis rouge du Mentor, on a cru voir un ange. Si belle, si gracieuse, une démarche de mannequin. Les garçons étaient bouche bée. Mais est-elle vraiment la copine idéale ? Vedette Plus l'a rencontrée juste avant son entrée dans la Résidence.

VP – Plusieurs te qualifient de Marilyn Monroe du Mentor ; qu'en penses-tu ?

Miranda – J'ai vraiment moins de courbes que Marilyn au niveau des hanches, mais je pense que c'est un compliment que les gens me font, car Marilyn était vraiment une idole à son époque. On me dit aussi que je ressemble à Scarlett Johansson et ça me fait vraiment plaisir. J'aime tout ce qu'elle fait et je voudrais avoir autant de talent qu'elle. En fait, je suis jalouse !

Penses-tu que le Mentor t'a choisie à cause de ta beauté ?

Oui, c'est sûr. Je suis une belle fille et ça a toujours fait partie de moi. J'ai fait beaucoup de mannequinat et de concours de beauté. Mais j'ai aussi appris à développer mon caractère et j'ai une personnalité à offrir au monde. Pour moi, la beauté vient avant tout de l'intérieur. En ce sens, je pense que Mère Teresa est une très belle personne, même si elle était assez plissée, à la fin de sa vie.

Vedette Plus

Une belle fille avec de la personnalité... As-tu des défauts ?

On me qualifie souvent d'entreprenante. Je sais ce que je veux, et je fais des pieds et des mains pour l'obtenir. Je n'aime pas me faire dire non ou être contrariée. J'ai beaucoup d'opinions et d'idées et je ne me laisse pas marcher sur les pieds. Certains gars se sont sentis étouffés par moi parce que j'ai une personnalité imposante et que j'ai beaucoup de *leadership*.

As-tu déjà fait des folies par amour ?

Eh bien ! Je ne nommerai personne, mais il se reconnaîtra : un ex m'a déjà trompée avec une de mes amies... J'ai fracassé le pare-brise de sa voiture ! Aussi, j'ai déjà *flushé* le poisson rouge d'un gars aux toilettes pour me venger. Ça, je l'ai regretté par la suite. Pauvre poisson ! Le pare-brise, je recommencerais demain si je retrouvais sa voiture ! (*Elle rit*) C'est une blague. J'étais un peu excessive quand j'étais plus jeune, mais maintenant, je me contrôle un peu mieux. J'ai

appris à gérer mes émotions. J'essaie de faire de *belles* folies à la place, comme coller des petits mots partout, mettre de la lingerie qui coûte cher, acheter des billets pour aller voir le hockey.

Qu'est-ce que tu recherches chez un garçon ?

De l'assurance. Un gars qui a confiance en lui. Quelqu'un d'attentionné, aussi. Il n'est pas obligé d'être beau ! Je suis sorti avec plein de beaux gars qui ne pensaient qu'à eux. Je veux quelqu'un qui a un bel intérieur et de belles valeurs. J'aimerais bien qu'il fasse du yoga, ça me motiverait à en faire aussi.

Sur le tapis rouge, as-tu remarqué des gars qui pourraient t'intéresser ?

Oui, il y en a un qui est très musclé. Je ne connais pas encore son nom, mais il est vraiment mon genre. J'aime me sentir protégée.

Fiche de Miranda, p. 7
Témoignage, p. 41

Journaux et magazines

Showbusiness

Frank est un matamore de 6 pieds qui aurait eu sa place dans les combats extrêmes. Il a grandi à Montréal dans le quartier Saint-Laurent.

Rencontre avec un **voyou** qui s'en est **sorti**.

Sb – **Vous êtes un peu comme ces vieux quartiers de la ville qu'on dit «revitalisés»!**

Frank – En quelque sorte, oui. Si vous m'aviez vu au secondaire, j'étais un vrai dur. J'étais la terreur de l'école et j'en étais fier. Le milieu où je vivais quand j'étais enfant aurait pu m'amener ailleurs, dans les gangs de rues, par exemple. J'ai des amis du secondaire qui en font partie; je ne les blâme pas. J'aurais pu faire la même chose. Mais finalement, ce n'est pas ce que j'ai fait. Ni moi ni mes frères, finalement. J'ai même un frère qui est devenu policier!

Vous avez quatre frères. Vous êtes très proche d'eux?

Oui. On fait souvent des barbecues l'été et on essaie de se voir le plus possible. On habite encore près les uns des autres. Plus jeunes, on était comme une meute, un clan. C'était important d'être solidaires parce que, des fois, les autres enfants nous volaient notre dîner à l'école, et qu'il fallait se battre pour manger. Chaque jour, c'était à recommencer. Mais on était heureux quand même. On faisait des mauvais coups; on riait tout le temps. Le souvenir que je garde de mon enfance, c'est à quel point on riait.

Est-ce que tous vos frères pratiquent les arts martiaux?

Aucun. Il n'y a que moi qui en fais. J'ai commencé à l'adolescence, vers 14 ans. Il y avait un petit gars que j'écœurais à l'occasion et un jour, je l'avais

Showbusiness

taxé pour avoir son baladeur. Oui, je faisais des choses comme ça et bien pire encore! (Rires) Mais c'est lui, le petit gars que je taxais, qui m'a renversé et jeté au sol. J'étais pourtant plus grand et plus costaud que lui. J'ai voulu savoir comment il avait fait. Il m'a dit qu'il faisait du taekwondo. Ça m'a intrigué et je me suis renseigné pour savoir ce que c'était. Au début, les exercices, les étirements, je trouvais ça plate. Moi, j'allais là pour me battre! Finalement, j'ai appris à canaliser mon agressivité et à utiliser la force des autres. Ça m'a ouvert l'esprit sur plein de choses. J'ai encore beaucoup à travailler, mais chaque jour, je suis plus fort dans ma tête.

**Frank :
« Il fallait se battre
pour manger. »**

Tu as dit que tu faisais du taxage à l'école... Faisais-tu d'autres choses illégales?

Oui, mais je ne me suis jamais fait pogner. (Rires) C'est une blague. Oui, tous les adolescents en font, et j'en faisais sûrement plus que la moyenne parce que c'était comme ça que ça marchait dans mon quartier, mais bon, je suis ici et pas en prison, alors je m'en suis bien sorti. Je préfère rester vague là-dessus parce que je ne suis plus comme ça maintenant. J'ai en moi un côté rebelle et je vais toujours rester direct, un peu dur, même si je suis gentil dans le fond. Je garde une certaine agressivité parce que ça a été mon moyen de survie tellement longtemps. Ça fait partie de moi. Par contre, j'essaie de l'utiliser pour gagner ma vie, je la canalise. J'aimerais aider des gens à faire la même chose.

Penses-tu gagner Le Mentor?

Je vais livrer un bon combat. On verra pour le reste. Si je gagne, j'aurai assez d'argent pour ouvrir ma propre école d'arts martiaux, alors ça vaut la peine de me battre. Mais si je ne gagne pas, j'ouvrirai sûrement mon école plus tard, et ça m'aura fait une petite pub. C'est sûr qu'avant tout, je suis là pour l'expérience que ça peut m'apporter.

Fiche de Frank, p.11
Témoignage, p.59

Steve :
« Je vais **tout** faire pour **gagner** ! »

M – Steve, vous êtes très différent des autres candidats de cette année qui sont, pour la plupart, des bellâtres assez grands ou élancés. Comment vous sentez-vous par rapport aux autres hommes ?

Steve – Vous voulez dire que je suis plus petit et moins beau que les autres ? Toute une façon de commencer une entrevue ! (rires) Je n'ai jamais été complexé. Au contraire, je suis sûr que je suis le plus intelligent et que je vais me démarquer de toute façon. Il n'y en a pas deux comme moi ! Je suis peut-être le plus petit, mais comme le dit le dicton : Dans les petits pots, les meilleurs onguents. Disons que je suis un « concentré », un peu comme le savon à linge super efficace : une petite quantité suffit. Les gros bras, ça ne m'a jamais fait peur.

Quelles sont vos principales qualités ?

Je ne tiens pas à montrer mes qualités. Tous les candidats de toutes les téléréalités disent qu'ils sont authentiques. C'est donc beau l'authenticité ! Moi, je suis plus que ça : je suis un personnage ! Je suis spécial : je sais mentir et j'en suis fier. Je peux faire faire ce que je veux à qui je veux. Mes qualités sont mes défauts et vice versa.

MERCREDI

Qu'est-ce que vos amis et votre famille pensent de votre participation au Mentor?

Ma mère est super fière. Elle m'encourage, comme dans tout ce que je fais. Elle s'est toujours sacrifiée pour moi. Mon père, je ne l'ai pas vu depuis l'âge de cinq ans, alors ce qu'il en pense, je m'en fous. S'il me reconnaît, c'est déjà un miracle! Des amis, j'en ai peu. Mais j'en ai deux bons, Rico et Zack. Ils vont voter comme des malades pour moi. Ils sont fous dans la tête.

Vous allez peut-être vous faire des amis dans Le Mentor…

Honnêtement, je ne suis vraiment pas là pour me faire des amis; je suis là pour gagner! Contrairement à tous les autres candidats, je ne cherche pas à ce que les gens m'aiment. Et encore moins dans Le Mentor; je cherche le contraire. Des affaires d'alliances et autres choses du genre, c'est pour les *losers*. C'est une perte de temps. Je veux gagner, quitte à écraser les autres.

Jusqu'où, au juste, êtes-vous prêt à aller?

Jusqu'au bout. Jusqu'à me mettre tout nu. Jusqu'à… Je ne le sais pas. Je n'ai pas vraiment de limite encore. Ça va dépendre de ce qu'il va être nécessaire de faire pour gagner.

Que feriez-vous avec l'argent?

Je pars sur la brosse avec mes deux amis à Las Vegas et après, je m'achète une nouvelle auto s'il reste de l'argent. Je vais en payer une à ma mère aussi, parce que la sienne commence à faire dur. Voulez-vous une nouvelle auto? Je vous en achète une aussi, tiens! Si j'ai une qualité, c'est de savoir être généreux quand j'ai de l'argent. Ce n'est pas si mal comme qualité, non?

Fiche de Steve, p. 6
Lettre de suicide, p. 33
Témoignage, p. 37

Journaux et magazines

MERCREDI

Vedette Plus

Lisabelle se confie:
«Une chance que j'ai mon chat.»

*E**lle a une petite voix d'ange et un visage tout aussi serein. Elle semble la douceur et la discrétion incarnées. Rencontre avec une jeune femme sensible et humaine.*

VP – Lisabelle, comment te décrirais-tu aux lecteurs et lectrices de *Vedette Plus*?

Lisabelle – J'avoue que je suis une fille réservée; j'aime mieux écouter que parler. Les gens me font confiance facilement. Depuis que ma sœur s'est enlevé la vie, je fais du bénévolat pour un organisme qui aide les gens ayant des pensées suicidaires à s'en sortir. C'est naturel pour moi d'être là pour les autres.

Le décès de ta sœur a dû être terrible à vivre pour toi.

Oui, ça fait longtemps tout ça. Ça s'est passé quand nous étions adolescentes. On savait que Gabriellanne avait des pensées très noires et une petite tendance à déprimer, mais on lui donnait beaucoup d'amour et on ne la laissait jamais tomber. Sauf qu'elle a traversé une période difficile. Trop… Ça m'a donné un gros coup, c'était ma grande sœur, mon modèle. Aujourd'hui, on peut dire que j'en suis remise. Ça a fait de moi une personne plus forte. Je suis certaine que Gabriellanne serait fière de moi. Je pense à elle dans tout ce que je fais. Je lui parle quand je vis des moments plus difficiles.

Quels sont les moments que tu trouves difficiles?

Quand j'ai des décisions à prendre et que je ne sais pas

Vedette Plus

quoi choisir ou quoi faire. Aussi, quand j'ai envie de tout lâcher et d'abandonner. J'ai parfois de la difficulté à aller au bout des choses. Je suis super bonne pour aider les autres, mais ma vie à moi, c'est plus compliqué.

Qu'est-ce que tu penses que l'expérience du Mentor va t'apporter ?

Plus de confiance en moi. Ce sont mes parents qui m'ont encouragée à m'inscrire pour que je sorte un peu de ma bulle. Ils voulaient que je m'extériorise. Ils se souviennent que j'aimais beaucoup les camps de vacances et que je m'y faisais beaucoup d'amis. C'est gentil de leur part.

Vous avez donc besoin de vous extérioriser ?

Oui, peut-être. Je suis une personne plutôt solitaire. Je peux passer deux semaines entières sans voir de gens. Une chance que j'ai mon chat pour parler un peu à quelqu'un. C'est une blague ! Remarquez que je n'ai rien contre les gens qui ont juste leur chat dans la vie. Des fois, ça devient une raison de vivre pour certaines personnes. Je peux

comprendre ça. En fait, je vois des amis quand j'ai des congés, mais je travaille beaucoup et je suis très occupée par mon bénévolat aussi. Ça me laisse peu de temps libre.

Lisabelle, que crois-tu apporter à la Résidence et aux autres Aspirants ?

De l'écoute. Une oreille attentive. Il va se passer tellement de choses là-dedans que je suis certaine que les gens auront envie de décompresser et de jaser. Aussi, je tiens à vous avertir que je vais sûrement pleurer. Je pleure souvent, seule dans ma chambre, mais c'est juste une émotion qui passe. Je vais essayer de créer de beaux moments avec les autres Aspirants. J'ai hâte, je pense. C'est très spécial de se lancer, comme ça, dans l'inconnu.

Bonne chance, Lisabelle.

Merci, vous aussi. Je veux dire : merci. Merci pour l'entrevue.

Fiche de Lisabelle, p. 9
Témoignage, p. 49

—Beauté Mag——

Christelle:
«Il m'arrive de déjeuner avec des médicaments.»

BM – Christelle, plusieurs vous qualifient déjà de petite poupée du Mentor. Vous semblez très douce et dotée d'une belle candeur, est-ce le cas?

Christelle – Je n'aime pas les disputes, je n'aime pas les conflits. Je les fuis. Oui, je suis une fille douce, mais j'essaie d'être une fille forte, aussi. Et ma naïveté, je ne veux pas la perdre. Je veux continuer à être surprise et à m'émerveiller. Il me semble important de faire confiance aux gens et de pouvoir croire qu'il y a du bon dans le monde.

Vous semblez assez réfléchie et maître de vous-même.

Oui, je ne suis pas du genre à faire des vagues. J'ai toujours eu une routine de vie assez stricte: j'ai longtemps fait du ballet, j'ai suivi des cours de langues et de natation pendant que je continuais à aller à l'école l'été avec un professeur privé. Mes parents voulaient que j'aie les meilleures chances possible pour mon avenir, alors ils m'ont imposé un agenda bien rempli. Ça demande une discipline de fer. Disons qu'il n'y a pas beaucoup de place pour l'émotivité et la rébellion dans ma personnalité. Mais ça a été très bon pour moi. Je n'ai pas eu de crise d'adolescence; ce n'est juste jamais arrivé.

Vous êtes donc quelqu'un d'humeur assez égale?

Depuis quelque temps, je prends des médicaments pour me maintenir dans cet état. Il paraît que j'ai des troubles bipolaires.

Beauté Mag

Moi, je pensais que j'étais juste dépressive. En tout cas, ça m'aide beaucoup. Mais j'ai souvent mal à la tête sans raison. Dès que je suis contrariée, des symptômes apparaissent : maux de tête, crises d'allergies et urticaire. J'ai parfois mal au dos. Les médecins ne savent pas pourquoi. Donc, j'ai plein de petites pilules pour toutes sortes de choses. Il m'arrive souvent de déjeuner avec des médicaments. (Rires) Mais j'essaie de me contrôler autrement. Depuis quelque temps, je me fais hypnotiser et ça m'aide beaucoup à calmer mes peurs.

De quoi avez-vous peur ?

J'ai toujours eu peur de me faire enlever. D'aussi loin que je me rappelle, j'ai eu cette peur-là. J'imagine que ce sont des films que j'ai vus qui m'ont traumatisée. Aussi, j'ai peur de m'étouffer avec de la bouffe. Je découpe tous mes aliments avant de les manger et je mange par petites bouchées. Et j'ai peur de mourir. Mais je pense que beaucoup de gens ont cette peur.

Pourquoi êtes-vous venue dans Le Mentor ?

Mes parents me couvaient trop et j'étais *tannée*. Ils me protègent beaucoup à cause de mon angoisse et de mes maladies. Mais je voulais leur montrer que je suis capable d'être autonome et de survivre sans eux… J'avoue, je me suis inscrite sur un coup de tête, mais je ne le regrette pas.

Quel type de fille êtes-vous au quotidien ?

Je ne suis pas celle qui monopolise l'attention, qui a besoin de jouer à la vedette. J'ai souvent l'air absente, mais c'est parce que je réfléchis beaucoup. Je suis assez facile à vivre. J'aime sortir tard avec mes amies. Ça va me manquer quand je vais être dans la Résidence. Je ne peux pas croire que je ne verrai pas mes amies pendant deux mois !

Quels sont vos trucs beauté ?

Je me lave le visage matin et soir et je mets de la crème solaire et de la crème hydratante. Je bois beaucoup d'eau et je fais des siestes. C'est tout.

— Beauté Mag

Quels produits avez-vous apportez dans la Résidence ?

Mes somnifères, mes antidépresseurs.

Vos produits de beauté ?

De la crème hydratante, du mascara, mon produit exfoliant, le shampoing spécial que la coiffeuse m'a donné.

Pensez-vous que vous allez gagner ?

Juste d'être dans l'aventure, pour moi, c'est déjà gagner. J'ai de la chance de vivre ça !

Fiche de Christelle, p. 14

Témoignage, p. 73

Plan de la résidence

SOUS-SOL

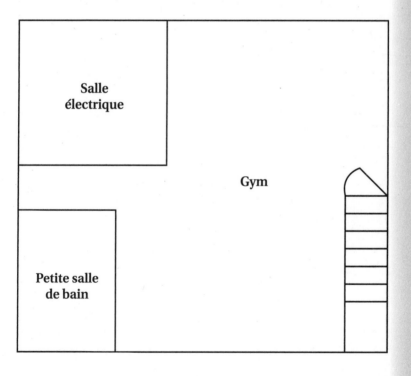

REZ-DE-CHAUSSÉE

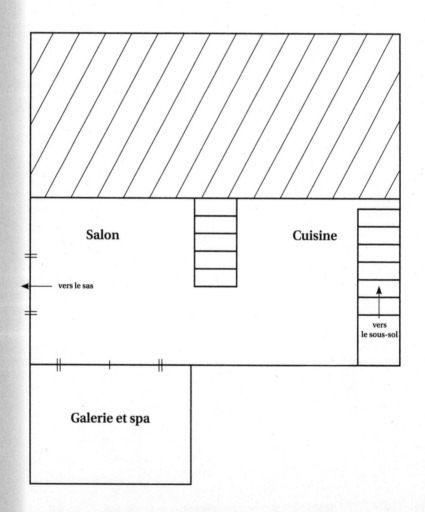

Salon

Cuisine

vers le sas

vers
le sous-sol

Galerie et spa

MEZZANINE

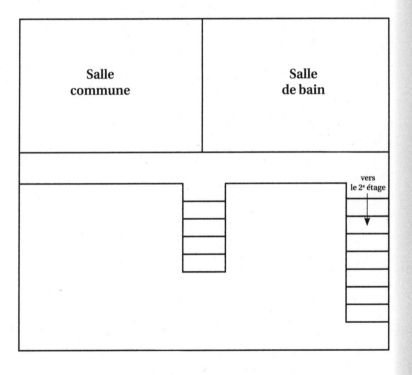

2e ÉTAGE

Chambres
des garçons

couloir

Chambres
des filles

Description des images avant, pendant et après l'événement

23 h 30 : Fête dans la salle commune. Steve est assis sur le canapé ; il hoche la tête, suivant le rythme de la musique, un verre à la main. Christelle, derrière le bar, frappe une cuillère sur le coin du comptoir. Frank, Lisabelle, Charline et Chuck dansent à proximité de Steve. Miranda danse un peu à l'écart du petit groupe. Marie-Aude se tient debout sur la piste de danse, en retrait.

23 h 36 : Donovan sort de la pièce et s'engage dans l'escalier menant à la cuisine.

23 h 37 : Donovan passe dans le salon et se dirige vers l'escalier menant au sous-sol.

23 h 37 : Marie-Aude quitte la pièce et monte au deuxième étage dans sa chambre.

23 h 38 : Donovan passe par le gym et disparaît dans un des angles morts de la caméra.

23 h 42 : Les lumières se ferment.

23 h 50 : Les lumières se rallument. Steve est étendu dans la salle de bain. Christelle et Chuck sont au-dessus de lui. Christelle tente des manœuvres de réanimation.

23 h 51 : Lisabelle passe à côté d'eux et ramasse quelque chose
près de la tête de Steve.

23 h 52 : Miranda sort de la salle commune et arrive sur les
lieux. Steve revient à lui. Christelle quitte la salle de
bain.

23 h 53 : Charline arrive et repart aussitôt, croisant Marie-
Aude.

00 h 04 : Frank monte les marches du sous-sol et vient voir ce
qui se passe dans la salle de bain. Il passe par le salon,
puis retourne au sous-sol.

Témoignage de Miranda, p. 41
Témoignage de Charline, p. 53
Témoignage de Donovan, p. 63
Témoignage de Marie-Aude, p. 69

Lettre de suicide de Steve

Il l'avait composée pour le suicide que nous avions orchestré ensemble. Cette lettre s'est néanmoins retrouvée sur le comptoir de la salle de bain où Steve a été attaqué. Voulait-on laisser croire à une deuxième tentative ? Ou est-ce lui qui lançait un véritable cri d'alarme ?

– LE MENTOR

Vous ne me connaissez pas et ne m'avez jamais connu.

Jamais le vrai moi, du moins.

Je souffre depuis toujours.

Toute l'attention du monde ne saurait remplir le vide que j'ai en dedans.

Personne ne m'aime, je le sais et je le comprends. Je me déteste aussi.

Oubliez-moi vite et ne me pleurez pas. Je n'en vaux pas la peine.

Dites à ma mère que je l'aime et que ce n'est pas de sa faute.

Steve

Fiche de Steve, p. 6
Témoignage de Steve, p. 37
Témoignage du médecin, p. 77

Témoignages des Aspirants

Dans le but de faire la lumière sur ce qui s'est passé avant et pendant l'«accident» de Steve, j'ai appelé tous les Aspirants à témoigner. Au début, j'essayais d'être le plus neutre possible, puis je me suis laissé prendre au jeu de l'inspecteur. À chaud, certains m'ont paru plus fébriles, d'autres semblaient déconnectés. À vous d'en juger à présent. Voici leurs témoignages.

– LE MENTOR

Témoignage de STEVE

Steve

Vous ne les surveillez pas, vos Aspirants malades mentaux?
Franchement! Je vais vous poursuivre! C'est vous qui avez
organisé ça? C'est un moyen défi, essayer de me tuer!

Mentor

Je trouve que tu m'accuses bien vite. Trop vite, même. Tu
n'en es pas à ta première «tentative» de suicide dans *Le
Mentor*. Nous avons orchestré ensemble ton premier suicide, à ta demande, je te rappelle. Alors, si tu veux parler de
désaxés mentaux, je crois que tu peux lever la main et dire
«présent». Qui me dit que tu ne t'es pas débrouillé seul pour
attirer l'attention sur toi, encore une fois?

Steve

Parce que cette fois-ci, on a essayé de me tuer. Me tuer!
On m'a assommé! On m'a étranglé! Ça ne se peut pas que
vous n'ayez rien sur vos caméras. On est dans une téléréalité, tout est filmé. C'est sûr qu'on va *pogner* le coupable. *La*
coupable! C'est Miranda, je mettrais un dix là-dessus. Elle
a l'air super fine, mais j'ai toujours su qu'elle avait un petit
côté malade! Je suis bon pour cerner les gens rapidement.
J'ai vite senti qu'elle était fêlée. Elle est belle, mais elle est
dangereuse, possessive, folle! Elle ne le prend pas que je
parle avec Christelle et les autres. Je suis sûr que c'est elle.
Ou Frank! Il est malade lui aussi. Avez-vous vu ses yeux? Des
yeux de psychopathe!

Mentor

Tantôt, c'était moi; maintenant, c'est Miranda et Frank.
Vas-tu accuser toute la Résidence? Steve, réponds-moi

franchement : as-tu tenté de simuler une nouvelle tentative de suicide ? Si tu l'avoues, je te donne 1 000 points.

Steve

Ce n'est pas moi ! Je ne vais quand même pas dire que c'est moi pour avoir des points ! Vous ne m'aurez pas avec ça ! Par contre, si vous voulez marchander, je peux vous dire ce que je sais pour 1 000 points.

Mentor

Ce que tu sais… ?

Steve

Oui, ma soirée, comment ça s'est passé, ce que j'ai senti quand on m'a amené à la salle de bain, tout ça.

Mentor

Ça, tu vas me le raconter parce que c'est dans ton intérêt de le faire. Sinon, je peux bien éteindre la lumière une autre fois et laisser les choses suivre leur cours… Je peux également t'enlever tous tes points si tu ne parles pas. Tu n'es pas en position de négocier, et ce n'est pas parce que tu es la victime que je vais te prendre en pitié !

Steve

Bon, si c'est comme ça… J'étais à la fête. Ça allait bien. Je ne voulais pas parler à Miranda pour qu'elle comprenne que j'en avais assez de ses crisettes. Je la voyais du coin de l'œil, elle me fixait. Mais j'aimais mieux parler à Christelle au bar. Elle offre du défi, au moins, elle fait la fille inaccessible ! À un moment donné, je me suis senti fatigué, alors je suis allé m'asseoir dans les fauteuils. J'écoutais la musique, je buvais mon verre. J'étais tranquille. Ça n'arrive pas souvent, mais là, je l'étais. Miranda se levait pour venir me voir quand la lumière s'est éteinte. Mais elle m'a quand même trouvé assez rapidement. Elle m'a dit à l'oreille qu'il était temps qu'on s'éclipse, et elle m'a pris la main pour m'entraîner dans la salle de bain. Moi, je l'ai suivie, je n'avais rien de mieux à faire. Après, je l'ai sentie qui passait derrière moi et j'ai reçu un gros coup. Puis, plus rien. Jusqu'à ce que je me réveille devant Christelle qui se penchait sur moi et Chuck, mon bon Chuck, qui avait l'air tellement bouleversé. Il pleurait presque! Comme elle était belle, Christelle! Elle devrait être infirmière, il n'y a pas un patient qui resterait dans le coma!

Mentor

C'est tout ce dont tu te souviens?

Steve

Oui. C'est tout.

Mentor

Crois-tu que tu aurais pu dire ou faire quelque chose pour provoquer ce comportement violent à ton égard?

Steve

Vous me *niaisez*, là? Je ne fais que ça, des affaires qui pourraient provoquer ce genre de comportement. J'écœure tout le monde dans la Résidence et je ne suis pas apprécié, mais je l'ai déjà dit, je m'en fous de l'amour des autres. J'aime *écœurer* les gens, je ne vais pas m'en priver, sauf que d'habitude, je sais à qui j'ai affaire. Je reste toujours sur la limite pour ne pas manger de volées. Là, j'en ai mangé toute une. Je ne l'ai vraiment pas vue venir.

Mentor

Il n'y a rien de particulier qui s'est produit ces derniers jours? Une personne que tu aurais harcelée plus qu'une autre?

Steve

Je m'en suis pris à Donovan avant-hier, au gym. Je voulais essayer de le faire pomper. Ça ne marche jamais! Il m'énerve, le petit clown, tellement positif, tellement plein d'amour. Moi, les comédiens... Ah! Christelle aussi y a goûté. Pas longtemps, et c'était juste une blague, mais elle l'a mal pris, on dirait. Il faut dire que les neurones ne se bousculent pas dans le cerveau de cette fille-là... Il y a de l'espace en masse! Elle ressemble à Chuck là-dessus. Dans le fond, ils vont bien ensemble. En tout cas, je vous le dis, moi, je suis sûr que c'est Miranda. Elle m'a déjà conté ce qu'elle a fait à ses anciens copains. Il faut l'arrêter puis l'enfermer.

Mentor

Vous êtes déjà enfermés.

Steve

Ha! Ha! Très drôle. Je voulais dire: l'enfermer dans une place où on enferme les gens qui essaient de tuer du monde!

La dispute entre Steve et Miranda dans la cuisine, p. 83

Christelle et Steve dans la cuisine, p. 105

Interrogatoire de Steve, p. 151

Témoignage de MIRANDA

Mentor

Miranda, raconte-moi ta soirée jusqu'aux tragiques événements.

Miranda

Bon. J'étais à la fête qu'on avait organisée tout l'après-midi. J'étais censée avoir du *fun*, mais je n'en avais pas. À cause de qui, vous pensez? Bon. Alors, Steve parlait avec Christelle, qui, soit dit en passant, s'en fout vraiment de lui. Non, mais c'est lui qui se rend ridicule, pour vrai. Il n'est pas son genre. Pis elle, elle est pas assez forte pour lui. Elle n'a pas de caractère. Remarquez, s'il aime ça, se faire obéir…

Mentor

Tu as l'air d'être vraiment en colère contre lui.

Miranda

En colère? Je ne sais pas! Depuis des jours qu'il m'humilie devant tout le monde en *cruisant* Christelle dans ma face! Il n'y a jamais personne qui m'a fait ça, personne! Moi, je me suis mise à sortir avec ce gars-là parce que je sentais qu'il avait du pouvoir et je me suis dit qu'à deux, on serait plus forts. Je suis quand même la plus belle fille de la Résidence. On formait un couple super stratégique, qui n'avait pas froid aux yeux, je suis sûr que les gens nous aimaient. Me faire jeter de même, sans considération pour ce qu'on a bâti, je n'en reviens pas. Est-ce qu'il le sait qu'il est laid, et petit, et que je suis mille fois plus belle que lui? C'était une *faveur* que je lui faisais de sortir avec lui. Eille! Je sors avec des mannequins, moi, dans la vie. Du monde qui travaille à Milan! Je suis tellement insultée!

Mentor

Tu aurais eu raison de vouloir te venger.

Miranda

Je commence à en avoir envie. Hier, j'étais triste qu'il ne me parle plus; aujourd'hui, je ne suis plus triste. J'ai envie de tout briser, en commençant par lui. C'est maintenant que je pourrais le tuer, pas hier soir, si c'est à ça que vous voulez en venir.

Mentor

Je ne fais que poser des questions. Raconte-moi ta soirée et ton après-midi.

Miranda

J'ai gonflé des ballons, j'ai fait des centres de table avec des poissons. Ça, c'était une idée de Lisabelle. Vous savez que j'ai déjà *flushé* le poisson rouge de mon ex aux toilettes? Je pensais à ça cet après-midi. En tout cas! On a préparé la fête, on s'est mises belles. J'étais encore une fois la mieux habillée — il y en a qui s'en foutent de ce dont elles ont l'air à la télé, mais pas moi. Non mais, sérieusement, les gens nous regardent! Faites un effort! Donc, je portais ma robe, j'avais quand même du plaisir avec Donovan, Charline et Frank, on dansait. À un moment donné, Don est parti aux toilettes. Il restait juste Charline, elle s'est mise à parler avec Frank, alors j'ai décidé d'aller m'asseoir. Mais la lumière s'est éteinte. J'ai arrêté de bouger. Je ne voulais pas foncer dans quelqu'un et risquer de me faire renverser un verre dessus. Puis, Charline a dit qu'elle allait fouiller dans la cuisine pour trouver des bougies. J'ai décidé de l'accompagner. Lisabelle est venue avec nous, je pense. Ou c'est Marie-Aude? Tout le monde se ressemble dans le noir. Charline n'arrêtait pas de parler, ça me tombait sur les nerfs. Je me suis dit qu'à trois filles, on était beaucoup pour trouver des chandelles. J'ai enlevé mes talons hauts et je suis montée dans ma chambre pour attendre que ça se rallume. J'ai entendu Christelle crier et je suis descendue à son secours.

Mentor

Et comment t'es-tu sentie quand tu as vu Steve étendu au sol ?

Miranda

Je me suis dit : « Tiens, il a trouvé le moyen pour que Christelle s'intéresse à lui. » Il faut qu'il soit couché sur le dos, à moitié mort, pour qu'elle veuille s'occuper de lui ! Il est rendu bas, tout de même, si c'est lui qui a fait ça. Mais peut-être qu'un autre Aspirant a voulu le ralentir dans le jeu…

Mentor

En tant que « copine » de Steve, tu ne sembles pas très bouleversée qu'on ait voulu s'en prendre à lui. Je sais que tu es en colère, mais, quand même, ta réaction m'étonne.

Miranda

Honnêtement, je n'aurais pas voulu qu'il meure, mais je suis un peu contente qu'il ait eu une leçon. Il se croit tellement tout permis ! Maintenant, il sait qu'il y a des gens qui ne l'aiment vraiment pas et qu'il n'est pas invincible. Des fois, il n'a pas de classe, c'est un salaud avec tout le monde. Moi, je l'ai vraiment aimé, malgré tout, et un jour, il va s'en rendre compte. Mais peut-être trop tard…

Mentor

Tu ne l'aimes plus ou tu l'aimes encore ?

Miranda

Vous savez, l'amour, c'est compliqué. Je ne sais pas si je continue de l'aimer ou pas. Il m'a énormément déçue. Je suis quelqu'un qui sait pardonner. Mais il va falloir qu'il s'excuse, qu'il rampe par terre pour que je le reprenne. J'ai du caractère, il va le remarquer assez vite.

Descriptions des images avant, pendant et après l'événement, p. 31

Interrogatoire de Miranda, p. 133

Témoignage de CHUCK

Mentor

Chuck, raconte-moi ton après-midi et ta soirée, ainsi que le moment où tu as fait la découverte de Steve.

Chuck

J'ai joué au billard avec Steve dans le salon. Il n'a pas arrêté de me parler de Christelle. J'ai voulu voir à quelques reprises ce que préparaient les filles, mais elles ne m'ont pas laissé entrer. Je suis allé m'entraîner en bas avec Frank et Don. Steve est venu avec nous, mais pas pour s'entraîner, juste pour parler. Il a essayé d'énerver Donovan. Après, je suis allé faire un petit tour dans le spa. J'ai pris ma douche, je me suis rendu à la fête. J'ai dansé toute la soirée. J'ai bu cinq gin-tonics. Puis, à un moment donné, la lumière s'est éteinte. Christelle et moi, on a fouillé dans le salon pour trouver des bougies, mais on n'a rien trouvé. On est allés dans la salle de bain, vu que les filles cherchaient déjà dans la cuisine. Puis on est tombés sur Steve.

Mentor

Tu savais que c'était Steve ?

Chuck

Non, je n'en savais rien ! On s'est *enfargé* dans quelque chose. Ça pouvait être n'importe quoi, mais la lumière s'est rallumée, puis j'ai vu Steve avec le ruban à ballons autour du cou. J'ai essayé de lui enlever le plus vite possible. J'avais peur qu'il ne respire plus. Quand il a repris connaissance, j'étais soulagé. Son visage était vraiment rouge.

Mentor

Comment Christelle a-t-elle réagi?

Chuck

Elle a poussé un cri de surprise quand on est tombés et un autre quand la lumière s'est rallumée et qu'elle a vu que c'était Steve. Après, elle était assez calme. On aurait dit qu'elle savait quoi faire. Je pense qu'elle a dû prendre des cours de secourisme. Elle a pris son pouls et m'a dit qu'il était en vie. Steve a ouvert les yeux à ce moment-là.

Mentor

Est-ce que tu penses que Steve aurait pu se faire ça lui-même?

Chuck

Je ne sais pas. Il est vraiment bizarre, Steve. J'avais lu sa lettre de suicide et je trouvais que ce qu'il avait écrit était crédible. Il est tellement intense, dérangeant. Il met tout le monde mal à l'aise. Je me disais qu'il était peut-être triste et déprimé pour vrai. Je ne sais pas. Ça se pourrait, qu'il le soit vraiment. Il n'y a pas grand monde qui l'aime dans la Résidence. Dans la vraie vie non plus, il ne doit pas y avoir grand monde qui l'aime. Ça doit finir par l'affecter. Mais bon, j'ai arrêté de vouloir le comprendre depuis un certain temps. Depuis que vous m'avez montré la vidéo où il parle de moi dans mon dos. Ça m'a fait réfléchir.

Mentor

Tu dis qu'il n'y a pas beaucoup de gens qui l'aiment. Mais est-ce que tu crois que quelqu'un aurait pu essayer de lui faire du mal?

Chuck

Je ne pense pas que quelqu'un pourrait vouloir le tuer. En même temps, je ne sais pas… Peut-être qu'il y a des gens qui sont *tannés* qu'il soit là et qui voulaient le blesser pour qu'il parte. Mais c'est mal le connaître. Steve n'abandonne jamais.

Mentor

Le ton de ta voix n'exprime pas nécessairement de l'admiration.

Chuck

Je ne sais pas. Je n'aime pas parler dans le dos du monde. Steve et moi, nous nous sommes toujours assez bien entendu, il ne m'énerve pas trop. Mais en même temps, il s'acharne tellement à rendre tout le monde malheureux autour de lui, il ne lâche pas le morceau tant que la personne ne se fâche pas contre lui. Il veut toujours avoir raison, même quand il a tort. Je ne peux pas admirer ça. Oui, il faut être fort, mais être fort, pour moi, c'est accepter qu'on se trompe et l'avouer ; c'est voir nos erreurs pour ne pas les reproduire à perpétuité, comme une tête de cochon sous prétexte qu'on est soi-disant le plus fort. Je n'admire pas ce gars-là. Je l'ai déjà considéré comme un ami, mais plus les jours passent, moins je le pense. Ça me fait un peu de peine de le réaliser. On a eu pas mal de plaisir quand même ensemble.

Mentor

Est-ce que tu regrettes que je t'aie montré les extraits où Steve et Miranda médisent sur ton compte ?

Chuck

Au début, oui. J'ai regretté d'avoir vu ça, comme de devoir me poser des questions sur ce que je devais faire. J'essayais de réfléchir à une façon adulte de faire les choses. On n'est plus dans la cour d'école ! De toute façon, j'ai toujours évité de me battre, même si j'ai le physique pour. Je me demandais si je devais l'affronter ou lui faire un mauvais coup. Et je me suis dit que, de toute façon, ça ne changerait rien. Steve, il va toujours rester tel qu'il est. Alors, j'ai décidé de continuer mon bout de chemin tout seul ; je ne vais pas chercher à me venger ou quoi que ce soit. Je vais juste me détacher de lui. J'ai déjà commencé.

Chuck dans le sas, p. 119

Interrogatoire de
Chuck, p. 173

Témoignage de LISABELLE

Mentor

Lisabelle, veux-tu me dire ce que tu as fait cet après-midi et durant la soirée?

Lisabelle

J'ai préparé la fête avec les filles. J'ai mis les poissons dans les vases. Ce n'était pas évident de les attraper, mais finalement, j'ai réussi. Après, j'ai gonflé des ballons et je les ai accrochés. Durant la soirée, j'ai bu, j'ai dansé. Puis la lumière s'est éteinte. Je suis allée chercher des bougies avec les filles dans la cuisine. J'ai entendu Christelle qui criait. Quand la lumière s'est rallumée; je suis allée voir ce qui se passait. Ils étaient dans la salle de bain. Il y avait Steve et un poisson qui frétillait à côté de lui. Je ne connais pas les premiers soins, je ne pouvais pas vraiment l'aider. La seule chose que je pouvais faire, c'était de prendre le poisson et de le sauver. Les autres s'occupaient déjà de Steve, mais personne du poisson. Pauvre petit, il ne méritait pas de se retrouver là!

Mentor

Si je comprends bien, tu t'en faisais davantage pour le poisson que pour Steve.

Lisabelle

Non, quand même, j'étais inquiète pour Steve, mais ça ne servait à rien qu'on soit tous là autour de lui alors qu'il avait l'air de chercher son air. Quand quelqu'un est évanoui au sol, dans les films, il y a toujours quelqu'un qui dit: «Donnez-lui de l'air.» C'est ce que j'ai fait. En même temps, j'ai donné de l'air au poisson, vu qu'il respire dans l'eau. C'est drôle, non?

Mentor

Toi qui parles beaucoup avec tout le monde, as-tu des idées sur ce qui pourrait s'être passé? Qui pourrait avoir fait ça? Steve? Miranda? Chaque information que tu me donnes te vaudra 100 points.

Lisabelle

Je voudrais bien vous aider, mais je ne sais rien sur ce qui a pu se passer. Ce que je sais, c'est que Miranda est jalouse de Christelle et que Christelle est *tannée* de se faire harceler par Steve. Frank et Steve ne s'aiment pas. Et Chuck est bizarre depuis quelques jours, mais il ne m'en a pas parlé. C'est tout ce que je sais; honnêtement, je ne tiens pas à avoir de points pour ça! Je pense que tout le monde est au courant de ce que je viens de vous dire. En fait, Mentor, j'aimerais quitter l'aventure. Je ne me sens pas bien dans cet environnement-là. Je veux sortir.

Mentor

Tu sais que c'est impossible. Ce sont les règles du jeu: vous devez rester pour toute l'aventure. Tu as signé un contrat.

Lisabelle

Oui, des défis de ski de fond dans le gazon, des concours de bikini dans la glace, essayer d'être la fille qui se ronge les ongles le plus vite, je veux bien… J'ai même gagné le concours de celle qui mange le plus de grillons! Je ne veux pas abandonner parce que je ne suis pas capable de supporter le jeu; au contraire, j'aime ça. C'est toutes les histoires de suicide, je ne suis plus capable. Ce n'est pas supposé être ça, le jeu.

Mentor

Donc, tu crois que c'est un suicide? Steve t'a-t-il confié quelque chose? Qu'il se sentait malheureux?

Lisabelle

Non, Steve ne m'a rien confié. Il me parle juste de ses bons coups, de combien il est intelligent. Il n'a pas l'air en détresse. Je n'ai pas détecté les signes habituels des gens qui vont passer à l'acte. Mais je peux me tromper. Je ne comprends pas toujours ce qui motive ce gars-là. Je ne sais pas comment il fait pour avoir toujours l'air de se foutre de tout. Même là, il a l'air en pleine forme! Hier, il était étendu dans la salle de bain, inconscient; aujourd'hui, il fanfaronne dans le salon et essaie de mener sa propre enquête!

Mentor

Crois-tu qu'il a encore voulu s'offrir en spectacle en simulant un autre suicide?

Lisabelle

Ça se pourrait. Moi, il n'y a plus rien qui me surprend avec ce gars-là. Mais il a repris la même lettre que l'autre fois? Enfin, il y avait la même lettre sur le comptoir. S'il avait voulu faire une blague, il aurait écrit une autre lettre, il me semble. Plus j'y pense, plus tout ça a des allures de vérité et je pourrais presque croire à un appel à l'aide. Moi, je le surveillerais de près, on n'est jamais trop prudent. Il reste tellement désagréable, comme si de rien n'était! Et c'est ça que je trouve malsain. Je ne voudrais pas le retrouver une autre fois, mort. Que ce soit une blague ou pas. Mentor, d'autres gens ont déjà abandonné d'autres téléréalités. Je veux quitter Le Mentor! Je ne me sens pas bien ici. Pas en sécurité.

Témoignages

Mentor

Au Mentor, on reste jusqu'à la fin, et c'est moi qui décide du moment où l'aventure se termine. Mais ne t'en fais pas. Je suis sûr que tout va rentrer dans l'ordre bientôt. Ce n'est peut-être qu'une mauvaise blague. Va apporter un peu de réconfort aux Aspirants. Quand tu réussis à les faire parler, les spectateurs aiment ça et ta cote monte. Et ça réglera peut-être plus vite notre problème.

Entrevue de Lisabelle, p. 22

Interrogatoire de Lisabelle, p. 155

Témoignage de CHARLINE

Mentor

Charline, veux-tu me dire ce que tu as fait cet après-midi et ce soir avant la triste découverte?

Charline

«Triste» découverte? Est-ce que quelqu'un est triste en ce moment? *Vraiment* triste? Je ne pense pas. Puis si vous voulez savoir ce que j'ai fait de ma soirée, vous avez juste à regarder vos caméras. On est filmé 24 heures sur 24 ici! Vous le savez ce que j'ai fait! Ça suffit les suicides pour attirer l'attention. Vous ne trouvez pas qu'il a déjà assez d'attention comme ça? Il énerve tout le monde dans la Résidence! Sortez-le une fois pour toutes. S'il se suicide, c'est qu'il n'a pas envie d'être là ou qu'il veut faire parler de lui. Dans tous les cas, c'est laid.

Mentor

Tu as l'air bien motivée à ce qu'il sorte du Mentor…

Charline

Oh! Je l'entends, la petite suspicion dans votre voix. Vous n'allez pas prendre sa défense et m'accuser en plus? Vous ne voyez pas ce qu'il fait subir à Chuck, comment il harcèle Christelle, Donovan? Vous trouvez ça drôle, d'encourager un cave? C'est sûrement vous qui avez encore orchestré ça avec lui. Vous lui donnez toutes les missions extrêmes. C'est du favoritisme.

Mentor

Tu aimerais être à sa place en ce moment?

Charline

Non, mais n'essayez pas d'en faire un martyr. S'il y a quelqu'un qui méritait ce qui lui est arrivé, c'est lui. Il est l'unique responsable. Quand tu craches en l'air, ça te retombe dessus. Il est pitoyable. Je ne comprends pas ce que Miranda lui trouve. Et vous non plus.

Mentor

Il donne un bon spectacle.

Charline

En écœurant tout le monde! Sérieusement, j'ai honte d'être ici en ce moment. Je pensais que ce serait amusant de faire Le Mentor, que ça mettrait nos capacités à l'épreuve. Mais non. Le seul défi que je vois en ce moment, c'est d'endurer Steve. L'agresseur aurait dû serrer un peu plus fort. Ça ne doit pas être Frank en tout cas. Lui, il aurait serré comme il faut.

Mentor

Si ce n'est pas Frank, as-tu une idée de qui ça pourrait être?

Charline

C'est la faute de Steve, *that's it*. Il le méritait. Tant mieux pour lui s'il est vivant, mais quand même, il le méritait. Je ne vais accuser personne. Au mieux, si je trouve qui c'est, je vais le féliciter. Enfin, quelqu'un réagit! C'est embêtant ce que je dis, je le sais, ça me met en danger, je le sais, mais je ne peux pas m'empêcher de dire ce que je pense. C'est pour ça que je suis là, il me semble. Comme Steve est là pour mettre le trouble. À chacun son rôle. À quoi il sert, Chuck? Le beau gars? Il est gêné comme dix! Pas moyen de se *pogner* personne ici!

Mentor

Si tu répondais à ma première question et que tu me parlais de ta journée d'hier ?

Charline

J'ai organisé la fête avec les filles. Mais ce n'était pas comme si elles se tuaient à l'ouvrage. J'étais toute seule à travailler. Elles parlaient du linge qu'elles allaient mettre. C'est parce que «allô!», si on ne décore pas et qu'on ne trouve pas de musique ni de verres pour boire, alors il n'y en n'aura pas de *party*, et vos belles robes, elles ne serviront à rien du tout. Une chance que Lisabelle était là puis qu'elle est un peu proactive! Non mais, vous les avez vues à la caméra! Elles ne faisaient absolument rien! Durant la soirée, j'ai dansé, mais à un moment donné, la musique était tellement forte qu'on ne s'entendait plus parler. Puis la lumière s'est éteinte. Quelqu'un a baissé la musique. J'ai dit que j'allais à la cuisine; Miranda et Lisabelle ont répondu qu'elles venaient avec moi. Je cherchais des bougies et des allumettes comme une malade, je parlais aux filles en même temps. Elles ne me répondaient pas. J'entendais du monde dans le salon, je me suis dit: «C'est peut-être elles.» À un moment donné, je me suis rendu compte que j'étais la seule dinde à chercher une solution. J'ai arrêté. De toute façon, j'avais fait tous les tiroirs, toutes les armoires. Elles étaient où, les maudites bougies? OÙ? Et les allumettes? Est-ce qu'il y en avait? Je ne pense pas, moi. Ce n'est pas tellement sécuritaire. Surtout que vous savez que votre système électrique n'est pas fiable du tout. Il y a quelqu'un qui va se faire mal à un moment donné. Bon, Steve s'est fait *faire* mal, mais ça ne compte pas, c'est Steve.

Mentor

Quand t'es-tu rendu compte que tu étais toute seule ?

Charline

Ça n'a pas été long, j'ai entendu crier une première fois. Puis les lumières se sont rallumées, et j'ai entendu crier une autre fois. Je suis allée voir ce qui se passait. C'était Steve, Christelle et Chuck dans la salle de bain. Je les ai laissés à leur vie et je suis allée en haut dans ma chambre. Et c'est là que je vais retourner si ça ne vous dérange pas. Merci!

Mentor

As-tu remarqué quelque chose de bizarre dans le comportement des gens avant ou après l'événement?

Charline

Je ne m'appelle pas Lisabelle ou Marie-Aude! Je m'en fous de comment les gens se sentent ou de comment ils réagissent. Mais j'ai quand même remarqué que Chuck n'était pas atterré par ce qui arrivait à son ami. Il ne lui parle presque plus depuis l'incident. Et je crois qu'il y a quelque chose entre Chuck et Christelle. Ils sont louches, ils se parlent tout bas. J'ai toujours l'impression de les déranger quand je suis dans la même pièce qu'eux.

Mentor

Une dernière question: tu dis que tu étais toute seule dans la cuisine; à partir de quand as-tu senti qu'il n'y avait plus personne?

Charline

Non mais, est-ce que j'ai l'air d'un devin? Est-ce que j'ai l'air de sentir des présences? Je peux juste vous assurer que tout le monde s'est poussé. Allez-vous me dire où elles sont, les bougies, si jamais ça se reproduit?

Mentor

Ça n'arrivera plus. C'est moi qui ai fait en sorte que les lumières s'éteignent. Donovan a réussi son épreuve haut la main, et je ne compte pas recommencer cette épreuve. Tu as raison, il n'y a pas de chandelles ni d'allumettes.

Charline

Donc, c'est votre faute ? Bravo, Mentor ! Bonne idée ! Eille ! Je dois vous féliciter... Pas d'allumettes ? Vous aviez peur qu'on brûle votre belle Résidence ? Ç'aurait été vraiment triste...

Extrait de l'atelier
« Ce dont j'ai honte », p. 93
Interrogatoire
de Charline, p. 167

Témoignages

Témoignage de FRANK

Mentor

Frank, peux-tu me décrire tes faits et gestes de l'après-midi et de la soirée?

Frank

Je me suis entraîné en après-midi avec les gars. Steve est encore venu nous écœurer. Il a décidé de s'en prendre à Donovan, cette fois-ci. Une chance que Don, c'est un bon gars! Je suis resté un bon moment en bas. J'avais le goût de m'entraîner plus longtemps avant la fête, et aussi d'être seul. Christelle est venue me voir parce que la veille... Je dois vous dire qu'elle et moi, on avait planifié de donner une petite leçon à Steve. Il n'arrête pas de harceler Christelle et elle est *tannée*. Elle m'a demandé de lui venir en aide. On avait prévu droguer Steve et l'enfermer dans un garde-robe. C'était enfantin, je l'avoue, mais ça aurait quand même été drôle. On n'a pas eu le temps d'exécuter notre plan, de toute façon. Et je ne suis même pas certain que Christelle a mis des somnifères dans les verres de Steve comme on en avait parlé. Elle s'était proposée pour être barmaid, et c'est moi qui ai eu l'idée de droguer les verres. Elle a plein de médicaments, la petite. Des médicaments inoffensifs, par contre...

Mentor

Mais pris en grande quantité...

Frank

Comme je vous dis, je ne sais même pas si elle en a mis dans ses *drinks*. Je vous ai juste avoué notre plan pour ne rien avoir à cacher. Je dis la vérité, moi, c'est un des principes que j'applique. N'accusez pas Christelle! Elle ne mérite pas ça.

Elle ne serait pas capable de faire du mal à qui que ce soit.
C'est une âme pure.

Mentor

Vous la couvrez beaucoup, je trouve.

Frank

Je l'aime beaucoup. Je ne voudrais pas que quelqu'un lui
fasse du mal, c'est tout. Elle est tellement douce, tellement
gentille. Moi, j'aurais voulu la venger comme il faut de la
façon dont Steve l'a traitée. Qu'il s'en prenne aux gars, c'est
correct. C'est stupide, c'est énervant, mais c'est correct.
J'imagine qu'il marque son territoire comme ça, qu'il teste
les limites. Mais s'attaquer aux filles, j'ai comme un problème avec ça. Je peux devenir méchant! Mais bon, Christelle
ne voulait pas qu'il souffre, alors j'ai respecté ses désirs.
Notre plan était sans danger, sans douleur. C'est spécial que
quelqu'un d'autre ait également pensé à s'en prendre à lui!
Il n'est pas vraiment apprécié, faut croire! J'ai l'impression
que ça pourrait être dangereux pour lui de rester ici. Mentor,
pour sa sécurité, vous ne pensez pas qu'il serait mieux de le
faire sortir du jeu?

Mentor

Pour sa sécurité ou dans ton intérêt? À moins que tu
admettes que tu souhaites poursuivre ce qui a été laissé en
plan par la personne qui s'en est pris à Steve parce que, entre
nous, Steve a l'air de passablement t'énerver.

Frank

Ben oui, mais je suis capable de me contrôler. J'ai appris
à canaliser mon agressivité et à la transformer en énergie.
Disons que je passe pas mal de temps au gym depuis que
je connais Steve. J'ai toujours aimé m'entraîner, mais en ce
moment, c'est thérapeutique. Même s'il veut vraiment me

faire craquer, vous ne me verrez jamais taper sur Steve en pleine téléréalité. Il aimerait trop ça que je sorte à cause de lui, mais il n'en est pas question. C'était stratégique, que notre plan soit indolore et presque drôle. Oui, ça me faisait plaisir de penser que j'allais humilier Steve, sauf que ce n'était pas dans mon intérêt que je le faisais en premier. C'était surtout pour aider Christelle à vaincre sa peur de lui. Parce qu'elle en avait peur. Vous l'avez vu passer la journée dans sa chambre?

Mentor

Sur les caméras, elle écoutait de la musique, tout simplement. Elle n'avait pas l'air paniquée outre mesure. Lisabelle pleurait, par contre, abondamment. Mais pas Christelle.

Frank

C'est parce qu'elle garde beaucoup de choses en dedans. Vous ne la connaissez pas comme moi je la connais.

Mentor

Et tu ne lui as pas reparlé de la soirée, pour voir si elle avait bel et bien drogué le verre?

Frank

Non, ça n'a pas adonné. Elle était au bar, puis il y a eu la panne de courant. Je suis descendu au sous-sol. Je pensais qu'elle viendrait me rejoindre et qu'on profiterait du fait que tout le monde était occupé pour mettre notre plan à exécution, mais non. Je l'ai entendue parler avec Chuck, et les lumières se sont rallumées un peu après.

Mentor

Pourquoi n'es-tu pas monté tout de suite voir ce qui se passait quand tu as entendu les cris?

Frank

Je ne les ai pas entendus tout de suite. Je ne sais pas trop. Au sous-sol, on n'entend pas toujours ce qui se passe en haut. Je cherchais des bougies ou des lampes de poche. Je ne suis pas arrivé si tard que ça non plus. Écoutez, j'étais vraiment en bas. Ce n'est pas moi qui ai fait le coup. Ça aurait pu, mais non.

Mentor

Bien. Maintenant, tu peux aller t'entraîner ou t'occuper de Christelle. Elle semble bien aller, mais on ne sait jamais, vu qu'elle garde «supposément» tout en dedans.

Frank

Je pense que Chuck est déjà avec elle. Elle n'a pas besoin de moi. Et j'ai senti le sarcasme dans votre voix, Mentor. On dirait que vous avez du plaisir avec nous. Tant mieux. Lâchez pas!

Frank dans le sas, p. 87
Frank et Christelle dans la chambre de celle-ci, p. 115
Interrogatoire de Frank, p. 139

Témoignage de DONOVAN

Mentor

D'abord, félicitations, Donovan, tu as relevé ton défi! Ton coup d'éclat a gâché la soirée.

Donovan

Vous parlez de la lumière?

Mentor

Bien sûr, de quoi d'autre?

Donovan

Je pensais que vous m'accusiez de… Dans le sens où votre question était comme un piège. Excusez-moi, je nage en plein sous-texte, là. Mais il n'y en a pas, de sous-textes, dans Le Mentor! Non, non! Oui, j'ai éteint les lumières. J'ai attendu quelques minutes et j'ai rallumé. Voilà. C'était très éprouvant pour moi. Je sais que ce n'est rien comparé à ce que Steve a pu vivre, mais pour moi, qui ne savais rien de ce qui se passait en haut, je trouvais vraiment que je passais le pire moment de ma vie.

Mentor

Et qu'as-tu fait pendant que la Résidence était dans le noir?

Donovan

Quoi? C'est quoi cette question-là? Vous ne pensez quand même pas que… C'est ridicule. Je suis tellement peureux. Je n'ai pas bougé. J'ai compté jusqu'à 500. Vous le saviez, que je n'aime pas du tout être dans le noir. Vous ne m'avez quand même pas donné cette épreuve-là par hasard! Pendant la fête foraine, j'ai été attaché la tête en bas dans un bac d'eau et je n'ai pas paniqué. J'ai marché pieds nus sur des braises pendant la soirée de camping. Ça m'en prend pas mal pour perdre mon sang froid, mais, je suis sérieux, j'ai peur du noir. C'est incontrôlable. Alors, j'ai attendu, puis j'ai rallumé. Ça m'a paru une éternité.

Mentor

As-tu entendu quelque chose de particulier?

Donovan

J'ai entendu Frank sacrer. Je crois qu'il s'est *enfargé* dans un haltère ou quelque chose. Il ne savait pas que j'étais là. Il tapait dans le *punching bag* en sacrant. Je pense qu'il s'est vraiment fait mal. T'sais, des fois, quand tu te cognes l'orteil, comment ça peut te mettre en «aaaargh»! En tout cas. J'ai rallumé et je suis sorti de la salle des commandes, la salle électrique... En tout cas, l'endroit où j'étais! Frank ne m'a même pas regardé. La preuve que j'étais furtif. Comme vous me l'avez demandé!

Mentor

Durant l'après-midi, Steve t'a vraiment cherché, paraît-il?

Donovan

Bah! Vous le connaissez. Vous savez qu'il cherche tout le temps à mettre les gens mal à l'aise ou en colère. Ce n'est pas grave. Je suis encore là, j'ai tous mes morceaux. Il n'y a pas de mal.

Mentor

Sur quoi portait votre dispute?

Donovan

Sur le métier de comédien. Steve voulait me faire fâcher.
Il me disait qu'il était meilleur comédien que moi, que je
n'avais pas de talent, pas de personnalité. Du grand Steve.

Mentor

Et ça ne te faisait rien?

Donovan

Je le vois tellement venir à 100 milles à l'heure! Ça paraît
qu'il cherche le trouble. C'est le genre de personne qui dit
tout et son contraire, juste pour voir ce qu'il va provoquer.
Il est assez intéressant à regarder aller. Je n'ai jamais vu
quelqu'un comme lui, dans la vie ou au théâtre. Il me fas-
cine, en quelque sorte. Ce n'est pas le premier à me dire que
ça n'a pas d'allure de vouloir devenir comédien. Toute ma
famille me l'a dit avant lui. Mais ils se sont rendus à l'évi-
dence: c'est ça que je veux faire. Alors, ce qu'en pense Steve
Cadieux…

Mentor

Tu connais son nom de famille?

Donovan

C'est lui-même qui s'est échappé pendant une épreuve. Je
m'en souviens, c'était la fois où on devait marcher sur une
poutre au-dessus des bottes de foin. Il disait que les Cadieux
avaient travaillé sur les chantiers de construction de génération en génération et que marcher sur des poutres, ça faisait
partie de ses gênes. Je ne sais pas si ceux qui étaient là ont
remarqué qu'il avait dévoilé son nom complet par la bande,
mais moi, oui. Et c'est vrai qu'il était bon, pour marcher sur
la poutre!

Mentor

Est-ce que tu te rappelles qui était là, la fois où Steve a dit son nom?

Donovan

Il y avait Marie-Aude, Lisabelle, Chuck, Charline, Frank et Miranda. J'ai vraiment une excellente mémoire. C'est très utile. Mais tout le monde a fait comme si de rien n'était. Même Miranda. J'étais sûr qu'elle allait passer un commentaire et s'émerveiller de savoir une chose de plus sur son beau Steve. Mais non. Je pense que tout le monde était concentré sur ce qui s'en venait et ne l'écoutait même plus.

Mentor

As-tu fait quelque chose entre le moment où tu as quitté la fête et le moment où tu as éteint les lumières?

Donovan

Non, j'ai passé la soirée à la fête et j'ai prétexté aller aux toilettes. J'aurais vraiment dû y aller parce que sous le coup de l'émotion, quand j'ai fermé les lumières, ma vessie a fait «wouh»! J'ai vraiment eu de la misère à me retenir. Mais ça, c'est trop d'informations, je pense. Bref, j'ai fait ce que vous m'avez dit de faire. Je me sens juste un peu mal que l'accident de Steve soit arrivé pendant mon défi. J'espère que ça ne fera pas baisser ma cote de popularité. Je vais avoir les points quand même, hein?

Mentor

C'est sûr, ne t'inquiète pas. As-tu remarqué quelque chose de spécial pendant la fête?

Donovan

Je ne sais pas si c'est parce que j'étais stressé, mais les *drinks* de Christelle *fessaient* vraiment fort. J'ai failli débouler les marches en me rendant à la salle électrique. Une chance que l'adrénaline m'a ramené sur le droit chemin, sinon, je pense que j'aurais pu m'endormir. C'est bizarre, quand même! Et Miranda fixait Steve comme si c'était une cible. Un vrai faucon. Elle nous parlait, mais elle ne le quittait pas des yeux plus que deux secondes. Sa face quand Steve parlait à Christelle, ça valait cent piastres! Je vais vous la faire, d'accord?

Mentor

Ce ne sera pas nécessaire, Donovan. Je suis sûr que tu l'imites très bien.

Témoignages

Steve et Donovan dans le gym, p. 109

Interrogatoire de Donovan, p. 145

Témoignage de MARIE-AUDE

Mentor

Parle-moi de ton après-midi et de ta soirée, en détail.

Marie-Aude

J'ai gonflé les ballons avec Lisabelle et Christelle. On a parlé des gars. C'est fou comme les gars reviennent toujours dans les conversations entre filles! Ça et le poil. On parle toujours d'épilation. C'est social. Miranda était complètement sur le dos de Christelle à cause de Steve. Elle ne se rend pas compte que la pauvre Christelle, elle ne fait absolument rien pour attirer ça! Bon, c'est sûr que son habillement fait en sorte qu'elle attire l'attention des gars, mais ça serait complètement machiste de dire qu'elle le fait exprès. Je suis pour l'émancipation des femmes de toutes sortes de façons. Il y en a qui s'expriment en faisant un métier non traditionnel; moi, c'est en poursuivant des études; Christelle, c'est en se promenant avec des shorts qui ressemblent à des petites culottes. Mais elle a le corps pour ça, c'est parfait. Alors, mon après-midi, je l'ai passé à préparer la fête. L'ambiance était assez exaltée. On avait la répartie facile. Il y avait de l'électricité dans l'air. Comme si on sentait que quelque chose se tramait. C'est difficile à expliquer.

Mentor

Tu as encore plus de choses à dire que d'habitude, Marie. Tu as l'air un peu fébrile, même. Est-ce que ce qui est arrivé à Steve t'aurait ébranlée?

Marie-Aude

Je me dois de rester froide par rapport à ce genre d'événements. Ce n'est pas en ajoutant une dose d'hyperémotivité que je vais pouvoir aider mes semblables! Je m'applique à faire des liens, à essayer de comprendre pour aider. Je réfléchis beaucoup en ce moment. J'essaie de tout voir avec mon œil de psychologue. La personne qui a fait ça devait avoir ses raisons... Je me retrouve au cœur d'une intrigue.

Mentor

Est-ce que tu as une idée de ce qui s'est passé dans la tête de cette personne en question?

Marie-Aude

Non! Je veux dire, je m'en doute un peu. Je pense que Steve a pu faire ou dire quelque chose qui a réveillé une sorte de pulsion chez quelqu'un, ici, dans la Résidence. Je peux pas dire qui, mais je pense que c'est ça qui s'est passé.

Mentor

Et si tu me parlais de la soirée?

Marie-Aude

Le *party* était ennuyant. Il faut dire que je n'aime pas vraiment les soirées avec beaucoup d'alcool et de la musique forte. Je préfère un climat de partage, de discussion: un bon souper, du vin, des gens allumés. J'avais déjà observé tout ce qu'il y avait d'intéressant. Ce n'était que la suite des éléments amorcés. La soirée se déroulait de manière assez prévisible. Je m'attendais à une autre crise Miranda-Steve. J'ai assez joué à la thérapeute de couple avec ces deux-là. Ils ne sont pas faits pour aller ensemble. Il faut juste que l'un des deux s'en rende compte. La logique voudrait que ce soit Miranda, puisque c'est elle qui est constamment humiliée par lui. C'est toujours pareil, il la fait sentir comme si elle était constamment dans le tort. Ce n'est pas très bon pour son équilibre mental. Mais je ne suis pas là pour dire aux gens quoi faire. Je ne peux que les amener à se connaître davantage pour qu'ils réalisent les erreurs qu'ils font et refont, les choses qui leur font du mal et qui les empêchent d'avancer. Il faudrait qu'ils se connaissent mieux, en quelque sorte, pour faire des choix qui vont être en accord avec ce qu'ils sont et qui vont les rendre heureux.

Mentor

C'est un beau résumé de ton métier ou du rôle que tu t'accordes dans la Résidence. Si tu me faisais, maintenant, un résumé du moment où tu as quitté la soirée…

Marie-Aude

Je suis remontée dans ma chambre. Je pense que personne ne s'est rendu compte que j'étais partie. Personne ne m'a posé de questions pour savoir où j'allais. Puis les lumières se sont éteintes. Alors, je me suis dit : « Bon, tout le monde va capoter, ça va être lourd ». C'est fou combien l'humain a peur de la noirceur ! D'après moi, on traîne ça depuis l'âge de pierre. La nuit, les humains étaient plus vulnérables, ils devenaient des proies pour tous les animaux tels les tigres et couguars, qui ont une vision nocturne. C'est la raison pour laquelle le feu, un vrai feu, nous semble tellement réconfortant. Avez-vous remarqué, au camping, à quel point les gens se rapprochent du feu, presque dangereusement ? Un intense besoin de réconfort, oui, c'est ce que je pense…

Mentor

Après la panne ?

Marie-Aude

J'ai entendu un bruit de chute. Je ne voulais pas me faire mal, alors je suis restée en place, longtemps même après que les lumières se soient rallumées. Je n'avais pas envie de rejoindre

Témoignages

tout le monde qui criait. Je me disais : «Eh oui, les lumières se sont éteintes, et puis?» Il n'y avait pas de quoi en faire un plat. Puis, j'ai vu Lisabelle passer avec un poisson, elle avait l'air bizarre et elle n'a pas répondu quand je l'ai appelée. Je me suis dit qu'il devait s'être passé quelque chose de grave, alors je suis allée voir et c'était juste Steve, encore une fois, qui attirait l'attention. Si ça avait été quelqu'un d'autre, je me sentirais mal. Mais là… On dirait que je m'en fous. C'est étrange. Je ne sais pas trop comment analyser mon absence d'empathie pour Steve. C'est peut-être le fait d'être isolée du monde extérieur qui est en train de me désensibiliser. Parce que tout ce qui se passe ici est faux, ça m'empêche de ressentir quoi que ce soit de vrai. C'est intéressant, en tout cas.

Mentor

Merci, Marie-Aude. Si tu observes des comportements qui te semblent louches chez tes collègues, viens m'en parler.

Marie-Aude

Oui, d'accord, je vais faire ça, c'est sûr.

Miranda, Steve et
Marie-Aude dans le spa, p.101
Interrogatoire
de Marie-Aude, p. 179

Témoignage de CHRISTELLE

Mentor

Christelle, parle-moi de ton après-midi et de ta soirée.

Christelle

J'ai fait comme les autres filles et j'ai préparé la fête. J'ai gonflé des ballons. C'est vraiment difficile de faire des nœuds, hein! Après, je suis allée mettre une belle camisole. Puis, je me suis installée au bar et j'ai préparé mes choses pour faire des *drinks*. Tout le monde s'amusait pendant que je travaillais, mais ça ne me dérangeait pas. J'aime vraiment ça être barmaid. Ça me manquait, alors j'étais contente. C'est comme si c'était moi qui faisais en sorte que le *party* soit *le fun*.

Mentor

Est-ce que ta définition de *fun* rime avec *droguer le verre de Steve*?

Christelle

Quoi? C'est Frank qui vous a dit ça? Mais pourquoi? C'était niaiseux. Je ne lui ai presque rien mis dans son verre. À un moment donné, je ne savais même plus lequel était le sien. Et puis, on ne l'a pas touché. De toute façon, dans le plan, on ne lui aurait même pas fait mal. On voulait juste l'endormir et l'enfermer quelque part pour qu'il ait peur. Est-ce que c'est Frank qui vous en a parlé? C'est lui qui a eu l'idée. Moi, au début, je ne voulais rien faire du tout. Mais Frank tenait à me venger.

Mentor

Frank t'a défendue sur toute la ligne et a pris le blâme. Il serait déçu d'apprendre que tu le livres aussi vite en pâture. Il m'a aussi dit qu'il n'avait pas touché à Steve. Et toi, qu'est-ce que tu as à me dire à ce sujet ? Tu aurais pu agir seule : tu es très forte, même si tu n'en as pas l'air. Tu performes toujours bien dans les épreuves physiques d'endurance et de puissance.

Christelle

C'est parce que j'ai fait de la natation. Mais ce n'est pas moi qui lui ai fait mal. Ce n'est pas moi... Je ne suis pas capable de faire mal aux gens. Vous vous souvenez de la fois où les filles ont épilé Donovan ? Moi, je n'ai pas participé. Elles trouvaient toutes que c'était super drôle. Même lui, il riait. Il avait mal, mais il riait. Il est fou ! Mais moi, je n'avais pas envie d'être complice de ça parce que je savais qu'il était en train d'avoir mal.

Mentor

Tout le monde a remarqué que Steve était insistant à ton égard ; qu'est-ce que ça te faisait ?

Christelle

Ça me faisait peur. Je ne voulais pas être toute seule avec lui depuis quelques jours. Depuis qu'il m'a tenue de force. Miranda a l'air de penser que c'est moi qui provoque ça. Mais je ne le regarde même pas ! Si je le regarde, il pense que je suis intéressée ; si je ne le regarde pas, il se dit que je suis timide devant lui parce qu'il m'intéresse. Je ne voulais plus sortir de ma chambre. Je suis désolée d'avoir condamné Frank, c'est le seul qui est venu me voir quand je n'allais pas bien et qui a essayé de trouver une solution. Mais je n'aurais pas dû l'écouter pour le plan. Ce n'était pas une bonne idée. Je me sens mal.

Mentor

Je veux bien croire que tu n'es pas le genre de personne qui fait du mal délibérément, mais comme moyen de défense, par contre? Si Steve t'avait encore touchée, te serais-tu débattue?

Christelle

Oui, je me serais débattue et j'aurais crié! Pas juste un petit cri de surprise. Vous m'auriez entendue. Tout le monde m'aurait entendue. Mais vous ne me croyez pas! Vous pensez que c'est moi qui ai fait ça! Ce n'est pas vrai! Vous n'avez pas de preuves, vous ne pouvez pas m'envoyer en prison.

Mentor

Christelle, arrête de pleurer. Personne ne va aller en prison. C'est normal que je te pose des questions. Je veux savoir ce qui est arrivé à Steve, peux-tu m'aider? Raconte-moi comment vous l'avez trouvé, toi et Chuck.

Christelle

On est allés ensemble au salon pour chercher des bougies. Là, euh... Je ne sais pas si Chuck vous en a parlé... Je suis aussi bien de vous le dire.

Mentor

Vas-y.

Christelle

C'est parce que Chuck et moi, on s'entend assez bien depuis quelque temps. Ça a commencé quand on a fait le ménage de la cuisine l'autre jour. Il faisait des blagues, il me taquinait comme si j'étais son amie depuis longtemps. Il était vraiment à l'écoute de ce que je disais. J'ai trouvé ça gentil. C'est resté comme ça. Steve s'est mis à m'approcher et Chuck restait en retrait. Mais là, on s'est retrouvés tous les deux seuls de nouveau et je ne sais pas ce qui m'a pris, mais je l'ai embrassé pendant qu'on cherchait les bougies. Je ne fais pas souvent des choses aussi spontanées, mais là, il faisait noir, je l'avais trouvé beau toute la soirée… C'était vraiment plaisant. On n'avait pas envie de se faire surprendre et que les filles s'en rendent compte, alors on est allés se cacher dans la salle de bain. C'est là qu'on est tombés sur Steve.

Mentor

Qu'est-ce que vous avez fait?

Christelle

Moi, j'ai crié quand je suis tombée. On tâtonnait pour savoir dans quoi on s'était *enfargés*. Puis les lumières se sont rallumées. On a vu Steve, tout rouge, avec des rubans et des ballons autour du cou. Chuck l'a brassé un peu. Moi, j'ai pris son pouls. J'ai vu qu'il était en vie. Chuck a commencé à enlever les rubans. Puis, j'ai fait des points de pression sur ses clavicules et son torse pour qu'il ressente de la douleur. Ce n'est pas que je voulais lui faire du mal, j'ai appris ça dans mon cours de secourisme, on fait ça pour que la personne reprenne connaissance. Ça a marché, il a ouvert les yeux et a… Il a essayé de m'embrasser. Je l'ai repoussé et je me suis éloignée. Au début, j'ai pensé qu'il avait monté une mise en scène, mais il avait vraiment l'air inconscient et son visage était tellement rouge! Je pense que c'est quelqu'un qui lui a fait ça. Mais ce n'est pas moi, je vous le jure.

Mentor

C'est bon, Christelle. Ce sera tout pour l'instant.

Entrevue de Christelle, p.24

Christelle et Steve dans la cuisine, p. 105

Interrogatoire de Christelle, p. 161

TÉMOIGNAGE
DU MÉDECIN

Dès que Steve a repris connaissance, j'ai envoyé un
médecin l'examiner. Celui-ci est ensuite passé par le sas
de décompression, un endroit isolé, légèrement en retrait
de la Résidence, pour me faire part de ses observations.
Habituellement, je n'accepte pas que les Aspirants quittent
l'aventure, mais j'étais prêt à faire une exception pour Steve
si le médecin me l'avait conseillé.

– LE MENTOR

Mentor

Puis, Docteur ?

Médecin

Il est chanceux. Ce sont des blessures graves, mais qui ne laisseront aucune séquelle. Il a une grosse bosse sur la tête, ce sera sensible dans les prochains jours. Il va avoir des bleus autour du cou aussi, où les rubans ont serré. Il n'a pas manqué d'air longtemps. Je lui ai dit que je pouvais le faire sortir d'ici, mais il a refusé catégoriquement. Il n'est pas tuable !

Mentor

Pensez-vous qu'il ait pu s'infliger les blessures lui-même ?

Médecin

Lui-même ? Non ! La bosse que lui a laissée l'impact avec le vase est située derrière sa tête. Il n'aurait pas pu se frapper aussi fort lui-même. Sur le front, oui, mais pas à l'arrière comme ça. Aussi, il faut vraiment beaucoup de volonté pour s'étrangler. Les gens qui se pendent — désolé d'être macabre —, une fois que c'est fait, ils n'ont plus vraiment le choix. Sinon, le corps envoie des signaux de détresse, on perd connaissance et l'emprise des mains se desserre. Bref, il faudrait qu'il soit motivé en diable ou qu'il joue bien la comédie. Est-ce que c'est lui, le comédien ?

Mentor

Non, ce n'est pas lui.

Médecin

Je ne veux pas émettre de conclusion définitive, il faudrait le référer à un psychiatre pour avoir son profil complet, mais physiologiquement, je dirais que ce n'est pas lui qui a fait ça, c'est quelqu'un d'autre. Je dirais également que cette personne y a mis de l'énergie : elle a serré très fort.

Mentor

Fille ou garçon, d'après vous ?

Médecin

Dur à dire, il y a des filles qui sont très fortes. Surtout si Steve a été assommé avant d'être étranglé : dans ce cas, il était immobile, et celui ou celle qui l'a attaqué a eu le temps de se positionner convenablement pour serrer.

Mentor

La personne qui a fait ça aurait-elle pu le tuer ?

Médecin

Pas avec le seul impact du vase…, trop léger. En le privant d'air plus longtemps, par contre… Mais bon, le jeune est en vie et il commence déjà à taquiner tout le monde ! Ah ! C'est bien lui qui taquine tout le temps tout le monde ! Hé ! Qu'il est fatigant ! Ça n'a pas d'allure !

Mentor

Merci, Docteur.

Docteur

Ça me fait plaisir… Hé ! Vais-je passer à la télé ?

Témoignages

Lettre de Suicide de Steve, p. 33
Témoignage de Steve, p. 37

Scènes

LA DISPUTE ENTRE STEVE ET MIRANDA
DANS LA CUISINE

MISE EN SITUATION :
7 MAI, 11 H

Steve et Miranda se querellent à propos de Christelle dans la cuisine.

Miranda sort Steve de table. Elle le tire furieusement par le bras alors qu'il est en train de boire son café. quelques gorgées lui tombent sur le torse.

>   STEVE
>   Ouch ! T'es folle !

Miranda le traîne dans un coin de la cuisine, près des armoires. Elle essaie de garder un ton bas.

>   MIRANDA
>   *FURIEUSE*
>   T'es vraiment un crotté,
>   Steve.

>   STEVE
>   Quoi ?

>   MIRANDA
>   Tu ne te vois pas aller ?
>   « Veux-tu de la confiture, ma
>   belle Christelle ? » Et là, tu
>   la regardes manger sa toast
>   comme si c'était la 12e mer-
>   veille du monde !

>   STEVE
>   Elle est mignonne quand elle
>   mange des toasts !

> MIRANDA
>
> J'ai l'air de quoi, moi, devant tout le monde? De l'épaisse qui fait rire d'elle. Je vais te dire: t'es chanceux d'être avec une belle fille comme moi parce que sérieusement, t'es pas monsieur Beauté, Steve. Alors, fais attention!

> STEVE
>
> T'as juste à me laisser, ma belle. Moi, je te remplace demain matin!

> MIRANDA
>
> Mon sale!

> STEVE
>
> Si t'étais si sûre de toi, tu ne ferais pas toute une scène. T'es moins belle, en plus, quand t'es jalouse. T'as juste l'air possédée.

> MIRANDE
>
> Va donc…

> STEVE
>
> Ha! Ha! Tu vas perdre des points si tu continues à être aussi mal élevée, mam'zelle. Bon, je vais aller voir Christelle, je pense qu'elle boit son lait, je ne veux pas manquer ça!

Steve part et laisse Miranda seule face aux armoires. Gros plan: elle a les yeux pleins d'eau. Steve revient…

MIRANDA
TOUT BAS

Je vais te tuer…

STEVE

Écoute Mimi, il n'est pas 9 h
du matin et déjà, tu me pètes
une coche, et tu brailles… Tu
ne penses pas que t'as peut-
être un petit problème dans
la tête? Travaille là-dessus
puis reviens me voir. Et les
menaces de mort… pas terrible
pour ta cote de popularité.

MIRANDA

Toi, tu ne sais pas à qui tu
as affaire…

STEVE

Peut-être, ma belle, peut-
être… Mais je sais à qui
je n'ai pas envie d'avoir
affaire. Oh! Oh! Un à zéro
pour Steve!

Miranda, en furie, cogne sur le comptoir.
Steve quitte la cuisine.

STEVE

Pour vrai, je pense qu'on
serait dus pour une petite
discussion sérieuse, toi et
moi. Je suis à la veille
de te dire ce que vous
dites, vous, les filles. Par
exemple: «je me suis perdu,
je ne sais plus trop qui je
suis en ce moment, on pourrait peut-être essayer d'être
juste des amis»… Penses-y,
ma belle. On s'en reparle.

Il tourne la tête de Miranda et lui donne un baiser sur la bouche avant de s'en aller.

FIN

Fiche de Steve, p. 6

Fiche de Miranda, p. 7

Entrevue de Steve, p. 20

Entrevue de Miranda, p. 41

FRANK DANS LE SAS

MISE EN SITUATION :
30 AVRIL, 10H34

Frank vient décompresser après une altercation avec Steve.

Frank inspire profondément et expire.

FRANK

Je n'en reviens pas. Je ne
peux pas croire qu'il se
permette de faire ça. Je ne
peux pas croire que ce gars-
là soit encore en vie après
tout ce qu'il a dit! Je veux
dire, arrogant de même! Je
ne peux pas croire que personne, dans la vie, ne lui
ait jamais assez pété la
gueule pour qu'il prenne son
trou? Ça me dépasse. Manquer
de respect de même, à tout le
monde… Il est comme un petit
chien qui jappe après tout
ce qui passe dans la rue. Il
cherche le trouble. Il est
venu me voir tantôt pour me
dire que lui, il n'enver-
rait jamais ses enfants à
mon école d'arts martiaux.
Il trouve ça nul, les arts
martiaux. Comment a-t-il dit
ça? «Du monde en robe de
chambre qui frappent dans le
vide.» J'avais envie de lui
montrer qu'on ne frappent pas
juste dans le vide… Mais je
me contrôle maintenant. Je
n'aurais pas donné cher de
sa peau, s'il m'avait connu

avant. Puis on est mieux de
pas se croiser après la fin de
ce cirque, parce que mes amis
écoutent l'émission et eux,
ils ne *canalisent* pas ; ils
frappent.

Frank sort du sas.

FIN

Fiche de Frank, p. 11

Entrevue de Frank, p. 18

Témoignage de Frank, p. 51

DISCUSSION DES FILLES PENDANT LA PRÉPARATION DE LA FÊTE DU SOIR

MISE EN SITUATION:
10 MAI, 15H20

Les filles discutent de tout et de rien en gonflant des ballons.

> MIRANDA
>
> Puis, comment est-ce que vous vous habillez?

> CHARLINE
>
> Je reste comme ça!

> MIRANDA
>
> Franchement, Charline! Tu pourrais t'arranger un peu, on donne un *show*!

> CHARLINE
>
> *Je* donne un *show*! Je vais être la seule en pyjama.

> MARIE-AUDE
>
> C'est intéressant, ton côté contestataire, Charline. Mais qu'est-ce que tu contestes au juste?

> CHARLINE
>
> Dis-nous donc comment tu vas être habillée, toi, au lieu de faire des analyses merdiques.

> MARIE-AUDE
>
> Ah! Vous allez voir! Toi, Lisabelle?

LISABELLE
Sûrement ma robe noire.

TOUTES
Encore !

LISABELLE
Je me trouve belle dedans. Le
noir, ça me fait bien.

CHRISTELLE
Moi, j'ai hâte de voir les
gars, tous bien habillés.
Je les trouve *très* beaux en
habits !

MIRANDA
Lequel trouves-tu le plus
beau ?

CHRISTELLE
Ils sont presque tous beaux.
Chuck, il a un petit quelque
chose de spécial dans les
yeux…

MIRANDA
Essaie pas ! Tu ne dis pas
Steve juste parce que je suis
là, hein ? Avoue !

CHRISTELLE
Non, Steve n'est vraiment pas
mon genre. Tu n'as pas à t'en
faire.

CHARLINE
T'es folle, Miranda. Tu
devrais lui laisser un peu
d'air, à Steve. Premièrement,

on ne sait pas ce que tu lui
trouves, et deuxièmement, tu
l'étouffes! Vivre et laisser
vivre…

MIRANDA

D'accord, c'est vrai, je le
sais. C'est mon grand défaut.
Mais je suis faite comme ça.
J'ai du caractère.

LISABELLE

Ça ne l'empêche pas de te
marcher sur les pieds.

MIRANDA

Quoi?

LISABELLE

Je n'ai rien dit.

MIRANDA

Oh, que tu vas répéter ça!

LISABELLE

Je dis juste que Steve, tu
lui pètes des crises, c'est
vrai. Mais moi, dans le fond,
je trouve que tu as raison de
le faire. Il est super chien
avec toi! Il ne te respecte
pas. Tu ne devrais pas supporter ça, tu devrais le
laisser.

MIRANDA

Pour que tu sautes sur lui?
Bien essayé, Liz! Ah! La
coquine!

Scènes

CHRISTELLE

On parle d'autre chose?

CHARLINE

Je suis *tannée* de gonfler des
ballons.

MARIE-AUDE

Shotgun la salle de bain!
Il faut que je m'épile les
jambes.

CHRISTELLE

Moi aussi!

FIN

Témoignage
de Marie-Aude, p. 69
Témoignage
de Christelle, p. 73

EXTRAIT DE L'ATELIER « CE DONT J'AI HONTE »

MISE EN SITUATION :
3 MAI, 19 H 46

Extrait de l'atelier «Ce dont j'ai honte»,
animé par Marie-Aude.

> MARIE-AUDE
>
> Alors, on commence. Comme je
> vous l'ai expliqué, l'atelier
> est un prétexte pour mieux se
> connaître et voir que, der-
> rière notre façade, on a tous
> un point en commun. C'est
> peut-être une petite bles-
> sure, un regret, une chose
> qu'on voudrait changer, un
> souvenir dont on a honte.
> Hier, je vous ai demandé d'y
> penser et aujourd'hui, on
> partage. Je ne veux pas de
> remarques blessantes ou de
> jugements.

> STEVE
>
> Pourquoi tu me regardes comme
> ça?

> MARIE-AUDE
>
> Je faisais un tour de table,
> mais vu que tu en parles,
> Steve, tes répliques sar-
> castiques ne sont pas les
> bienvenues. J'ai le droit de
> t'expulser de l'atelier et tu
> vas perdre des points.

> STEVE
>
> C'est correct. Je suis
> averti.

MARIE-AUDE
On commence par Lisabelle.

LISABELLE
Bon. Moi, j'ai vraiment fait
de la peine à mes parents
quand j'ai abandonné mes
études au Conservatoire de
musique. Ils pensaient que
j'allais devenir une grande
pianiste. Ils m'avaient payé
plein de cours et tout. Et
moi, à un moment donné, je ne
sais pas trop, je n'en avais
plus envie. J'étais fatiguée
de la routine, les pratiques,
les cours, les concerts… Ils
étaient tellement déçus !
J'aurais au moins pu finir mes
études en musique.

MARIE-AUDE
Décevoir ses parents, c'est
une chose, mais ne pas
s'écouter, c'en est une
autre. Je pense que tu as
bien fait, Lisa.

LISABELLE
Je ne sais pas. J'aurais pu
faire carrière en musique ou
être prof de piano.

STEVE
T'es encore capable d'en
jouer, du piano. Il n'est pas
trop tard ! Arrête de t'api-
toyer et fonce !

MARIE-AUDE
Pas de jugement.

STEVE

Je ne la juge pas, je lui
dis comment s'en sortir!
Excuse-moi, Lisabelle, je
voulais juste te donner un
petit conseil.

CHUCK

Moi aussi, j'ai déçu mes
parents et ceux de ma blonde,
ou plutôt, ma fiancée. On
allait se marier à l'été,
mais j'ai rencontré une
autre fille. Au début, on se
voyait juste comme des amis.
Ma blonde travaillait loin,
elle allait déménager avec
moi après notre mariage.
J'étais tout seul… Elle,
la fille, était disponible,
puis à un moment donné, ça
s'est passé. Je l'ai dit à
ma blonde parce que je voulais être honnête avec elle.
Ça ne comptait pas, tu sais.
Je l'aimais pas, l'autre
fille. Ma blonde n'a jamais
voulu me pardonner. On a
annulé le mariage. Mais bon,
aujourd'hui, elle est heureuse avec un gars qui l'aime
et elle a deux enfants.

CHRISTELLE

Rien arrive pour rien, Chuck.

CHUCK

Il paraît.

Scènes

                        STEVE

Moi aussi, c'est une his-
toire de fille que je vais
raconter. Il y a une fille
avec qui je sortais au secondaire… Je sortais avec elle
juste pour rire d'elle, dans
le fond. C'était une petite
nerd, vraiment jolie par
contre, et je savais que je
pourrais faire ce que je voulais avec elle. À un moment
donné, je l'ai laissée, puis
j'ai mis des photos d'elle
sur Internet. Toute l'école
les a vues et riait d'elle.
Je me suis senti mal, c'était
chien.

                      MARIE-AUDE
Est-ce que tu t'es excusé?

                        STEVE
Je n'ai pas pu. Elle a arrêté
de venir à l'école. J'ai
entendu dire qu'elle s'était
suicidée. D'autres gars ont
dit qu'elle est devenue dan-
seuse. Elle avait le corps
pour ça. Mais ce n'est peut-
être juste des rumeurs. En
tout cas, j'ai honte de ça.
Je ne le referais pas. Hé!
je me sens mal. J'ai comme
une petite émotion, moi là.
Excusez.

Steve se râcle la gorge. Miranda s'avance et
l'enlace, suivie de Lisabelle…

> MIRANDA
> Je suis sûre qu'elle t'a
> pardonné.

> LISABELLE
> Oui, ne t'en fais pas, Steve.

> MARIE-AUDE
> Wow, gang. Ça, c'était un
> moment fort! Faut que tout
> le monde parle, ça fait du
> bien. Frank?

> FRANK
> J'assume tout ce que j'ai
> fait. Ma règle, c'est de ne
> pas avoir de regret ou de
> honte.

> MARIE-AUDE
> Et toutes les fois où tu t'es
> battu…?

> FRANK
> J'avais toujours une raison,
> je n'ai pas honte de ça.

> MARIE-AUDE
> Tu ne t'en es jamais pris
> à plus faible que toi? Un
> enfant, une personne âgée…?

> FRANK
> Ah! OK. Oui. Je le sais de
> quoi j'ai honte. OK. *My God*,
> ça vient de me revenir. Je
> vous avertis, vous n'aimerez
> pas ça.

CHARLINE
C'est correct, Frank, on
n'est pas des enfants.

FRANK
J'étais avec mes amis, au
secondaire; on voulait
tripper après l'école, alors
on a décidé de faire une
maison.

CHRISTELLE
Faire comme dans *construire*?

FRANK
Faire comme dans *voler*. On
est entrés par une fenêtre
qui était ouverte. On pensait
qu'il n'y avait personne,
mais une vieille madame dor-
mait et a eu vraiment peur
quand elle nous a vus. Elle a
eu un malaise cardiaque.
Et nous, on s'est sauvés. On
ne l'a pas aidée. On ne voulait pas se faire attraper…
Ils l'ont retrouvée quelques
jours plus tard. Morte. Tout
le monde a pensé que c'était
un accident.

MIRANDA
C'est bien intense!

MARIE-AUDE
Tut, tut! On ne juge pas.

FRANK
Non, t'as raison, Marie-Aude,
c'est grave. J'avais oublié
cette histoire-là, mais je

vais penser à elle et je vais
essayer de rattraper ça. Je
ne sais pas encore comment,
mais je vais essayer.

MARIE-AUDE
Merci, Frank. Quelqu'un
d'autre ?

CHRISTELLE
Moi. J'ai déjà volé des
vêtements dans une boutique
et je me suis fait attraper.
J'avais tellement honte
de m'être fait prendre ! Je
te comprends, Frank. Je vous
comprends, tout le monde.

FRANK
T'es fine, Christelle.

CHARLINE
Moi, j'ai honte de la fois où
j'ai chanté en public dans
un spectacle de l'école. Je
m'étais laissée convaincre
par un prof que j'avais des
choses à exprimer, que je
devrais chanter au lieu de me
fâcher tout le temps. J'ai
essayé. Mais tout le monde a
trouvé ça drôle.

MARIE-AUDE
Tu as dû avoir de la peine…

CHARLINE
De la peine ? J'étais en
********* ! Je suis sortie de
scène et je suis allée crever
les pneus du prof qui m'avait

convaincue de faire une folle
de moi. Ça m'a soulagée. Mais
des fois, je me revois sur
scène et j'ai un frisson de
honte. Moi, chanter !

MARIE-AUDE
Vous voyez, c'est intéressant
de mieux se connaître…

FIN

Fiches des Aspirants, p. 5
Témoignage de Marie-Aude, p. 69
Interrogatoire de Lisabelle, p.155
Interrogatoire de Charline, p. 167

MIRANDA, STEVE ET MARIE-AUDE DANS LE SPA

MISE EN SITUATION :
1ER MAI, 21H12

Marie-Aude essaie d'en savoir plus sur la
dynamique de couple de Steve et de Miranda.

MARIE-AUDE
Toi, Miranda, est-ce que tu
choisis toujours des gars
plus petits que toi ou Steve
est une exception ?

MIRANDA
J'aime vraiment les gars
grands, bâtis, carrés, impo-
sants. Je suis sorti avec
des joueurs de hockey et des
mannequins. Steve, à la base,
n'est vraiment pas mon genre
de gars.

MARIE-AUDE
Mais pourquoi vous êtes
ensemble d'abord ?

MIRANDA
Je ne sais pas. Ici, c'est
différent. J'ai envie d'un
gars qui me protège et je
sais que Steve va me protéger
dans Le Mentor.

STEVE
Si tu es fine.

MIRANDA
Ah ! T'es niaiseux ! Mais pour
vrai, la force physique,
c'est une chose, mais il faut

aussi être stratégique et se
servir de sa tête. Moi, je
sens que le plus fort, ici,
c'est Steve, à cause de son
intelligence. J'ai découvert
autre chose.

                MARIE-AUDE
Et toi, Steve?

                  STEVE
Moi, je n'ai pas envie de
parler. Tu m'énerve avec tes
questions.

                 MIRANDA
C'est un jeu, réponds!

                  STEVE
Ça me tente pas de jouer à
la thérapie avec madame la
pseudo-psy. Fais-le si ça
te tente; moi, je vais vous
regarder, ça me suffit.

                MARIE-AUDE
D'accord. Miranda, pourquoi
ce besoin d'être protégée?

                 MIRANDA
Bien, j'ai vécu des choses
difficiles dans ma vie.

                  STEVE
Grandir dans un bungalow à
Rosemère, ouuuh, la grosse
misère! Pauvre petite!

MIRANDA

Ma tante est morte quand
j'étais jeune et ça m'a fait
beaucoup de peine. J'ai
presque fait une dépression
à cause de ça.

STEVE

T'avais quoi… neuf ans?

MIRANDA

Sept.

Steve rit.

MIRANDA

Au bord des larmes…

Je l'aimais, cette tante-
là. C'était la seule qui me
comprenait dans ma famille,
tu ne comprends pas! Ma mère
et mon père, ils n'étaient
jamais là…

STEVE

Oh! Je vais pleurer.
Franchement! Il faut vraiment aimer ça, gratter ses
bobos, hein? Madame la psychologue, je vous la laisse.

Steve quitte le spa en éclaboussant Miranda.

STEVE

Il imite Miranda en s'éloignant.

Ma tante que je n'ai jamais
connue… bouh ouh ouh!

                    MARIE-AUDE
            Je comprends, Miranda. Perdre
            quelqu'un c'est difficile.
            Même si tu étais jeune…

    Miranda pleure. Marie-Aude lui caresse les
    cheveux.

                        FIN

Fiche de Miranda, p. 7
Extraits des commentaires
        du forum, p. 127

CHRISTELLE ET STEVE DANS LA CUISINE

MISE EN SITUATION:
8 MAI, 10 H 13

Confrontation entre Steve et Christelle dans
la cuisine.

> STEVE
>
> Salut, la belle Christelle de
> mon cœur!

> CHRISTELLE
>
> Allo!

> STEVE
>
> T'es venue me voir? Tu t'en-
> nuyais, c'est ça?

> CHRISTELLE
>
> Non, j'étais venue me cher-
> cher un verre d'eau.

> STEVE
>
> Ouais, ouais, c'est ça…

Moment de malaise. Christelle se tient devant
Steve, qui ne se tasse pas du tout.

> CHRISTELLE
>
> Excuse-moi, t'es devant l'ar-
> moire, je voudrais prendre un
> verre.

> STEVE
>
> À une condition.

> CHRISTELLE
>
> Quoi?

> STEVE
> Il faut que tu me fasses un
> câlin.

> CHRISTELLE
> Un câlin?

> STEVE
> Oui, tu en fais toujours
> aux autres, mais pas à moi.
> Aujourd'hui, c'est mon tour.
> Fais-moi un câlin, puis
> après, je te laisse passer.
> Mieux, je vais te donner ton
> verre d'eau moi-même.

> CHRISTELLE
> Juste un câlin?

> STEVE
> Juste ça, ma belle.

> CHRISTELLE
> OK.

Elle s'avance vers Steve et ouvre ses bras.
Steve la prend dans ses bras et la serre très
fort. Longtemps.

> CHRISTELLE
> Bon, le câlin est fini, là!

> STEVE
> Je t'ai, je te garde!

> CHRISTELLE
> T'avais dit juste un câlin.

> STEVE
> Mais je sais que tu veux
> plus, dans le fond.

CHRISTELLE

Non !

STEVE

Écoute, t'arrives ici, en
petits shorts avec tes airs
de fille d'école privée pour
prendre un verre d'eau?
Pendant que je suis là? Moi,
je ne crois pas aux hasards.

CHRISTELLE

Lâche-moi !

STEVE

Essaye de te déprendre !

CHRISTELLE

Lâche-moi ! Frank ! Frank !

Steve lui permet de se dégager.

STEVE

OK, relaxe, l'hystérique ! Ça
se peut-tu? Ça vient nous
agacer puis après, dès qu'on
la touche, ça crie.

Christelle se sauve.

STEVE

Voyons, Christelle ! C'était
juste une petite blague !
Reviens, je vais te le
servir, ton verre d'eau !

FIN

Frank et Christelle dans
la chambre de celle-ci, p. 115
Interrogatoire de Frank, p. 139
Interrogatoire de Christelle, p. 161
Interrogatoire de Chuck, p. 173

STEVE ET DONOVAN DANS LE GYM

MISE EN SITUATION :
10 MAI, 14 H 21

Steve vient faire son tour au gym et en profite pour parler à Donovan de son métier.

> STEVE
>
> Salut, les gros bras ! Hé !
> Donovan qui est là ! Hé bien !
> Tu « pousses de la fonte pour
> oublier la honte » ? T'espères
> être aussi gros que ces deux
> affaires-là ?

Il pointe du menton Frank et Donovan.

> STEVE
>
> Bonne chance !

> DONOVAN
>
> Je me garde en forme. Mon
> corps, c'est mon instrument
> de travail.

> STEVE
>
> C'est certain, parce que t'es
> comédien, hein ? Dans quoi
> t'as joué, déjà ?

> DONOVAN
>
> Je viens de sortir de
> l'école, mais j'ai joué
> Cassio dans *Othello*, j'ai
> joué Arlequin… J'ai aussi
> joué dans un théâtre d'été,
> le rôle de Pierre-Marc dans
> la pièce *Le souper va être
> froid*…

STEVE

Watatow! Une vraie vedette!
Moi aussi, je peux te nommer
deux, trois affaires que
personne ne connaît puis
dire que j'ai joué dedans :
au Théâtre d'été de Saint-
Fulgence pis dans la pièce
Nutella de Hamlet. Puis j'ai
fait un exposé oral sur les
taupes en secondaire 2.

DONOVAN

T'as pas mal d'expérience!

STEVE

Autant que toi! Est-ce que
tu passes des auditions, des
fois?

DONOVAN

Oui, j'en passe plein.

STEVE

Et t'es même pas capable
d'avoir un rôle dans une
télésérie pas rapport? Hé,
moi, quand je suis allé
passer une entrevue dans un
stand à patates, je ne savais
même pas faire des hot dogs
et ils m'ont engagé. Toi,
t'as fait quatre ans d'école
et personne ne te veut? Tu
dois pas être tellement bon.

FRANK

As-tu fini de faire le cave?
Si tu ne t'entraînes pas,
va-t-en.

STEVE

Je suis curieux, je pose des
questions, je m'intéresse à
ce que fait Donovan. Je m'en
vais bientôt. Je veux juste
savoir pourquoi il ne réussit
pas à se trouver un rôle
quand il passe ses auditions.

DONOVAN

Ça se passe comme ça pour
tous ceux qui sortent de
l'école. C'est long et difficile, mais il faut y croire.

STEVE

Il faut y croire?

DONOVAN

Il faut passer mille auditions pour décrocher un rôle.

STEVE

Dans le fond, s'il faut juste
y croire, tout le monde peut
être comédien. Moi, je suis
comédien. Je suis sûr que
je t'écraserais à n'importe
quelle audition. Si j'ai
réussi celle pour Le Mentor,
je suis capable de réussir
toutes les autres. Je peux
faire n'importe quoi devant
une caméra!

DONOVAN

Tant mieux pour toi, mon
homme!

STEVE

Si je peux te donner un
conseil, Dodo, décroche.
Trouve-toi autre chose à
faire. Je suis sûr que tu
serais bon serveur ou quelque
chose en rapport avec le service à la clientèle, mais je
trouve que t'as le charisme
d'une taupe et je connais
ça, les taupes, j'ai fait un
exposé oral là-dessus. T'es
invisible. Il faut que tu
pédales fort pour te faire
remarquer ici. Tandis que
moi, c'est naturel, le monde
me remarque. J'ai un mys-
tère, une aura. Je suis même
meilleur comédien que toi.
J'ai fait croire que j'étais
mort. Tout le monde y a cru;
même toi, tu y as cru! C'est
parce que je suis un excellent comédien.

DONOVAN

Effectivement, Steve, t'es
trop bon.

STEVE

Toi, t'es jaloux. Tu
essaies de te montrer partout, dans toutes les
épreuves, dans toutes les
disputes, tu fais le petit
comique, mais dans le fond,
les gens qui regardent le
show, ils sont pas attachés à
toi. T'es vide, Donovan. Moi,
je suis un personnage.

> DONOVAN
>
> Bon, j'en prends bonne note.
> Je me trouve une autre car-
> rière en sortant, OK? Merci
> pour tes conseils, Steve,
> c'est vraiment apprécié.

> STEVE
>
> De rien, *man*. Je dis ça pour
> ton bien.

> FRANK
>
> OK, maintenant, tu
> débarrasses.

> CHUCK
>
> Ouain!

> STEVE
>
> Quoi, Chuck?

> CHUCK
>
> Excuse-moi, mais c'est vrai
> que t'es fatigant. Depuis
> tantôt que tu nous déranges.

> STEVE
>
> OK, mon ti-loup. On est dans
> notre crise d'adolescence…
> Wouh! Je suis menacé!

Steve quitte le gym. Les gars se regardent et
poursuivent leur entrainement.

FIN

Fiche Frank, p. 11
Interrogatoire de Miranda, p. 133
Interrogatoire de Donovan, p. 145

Scènes

FRANK ET CHRISTELLE DANS LA CHAMBRE
DE CELLE-CI

8 MAI, 21H22

Christelle s'est enfermée dans sa chambre
depuis le matin. Frank va la retrouver.

>   FRANK
> Qu'est-ce qui se passe, là,
> Cricri?

>   CHRISTELLE
> Rien. Je veux juste être
> toute seule.

>   FRANK
> Moi, je ne pars pas tant que
> tu ne m'auras pas dit ce qui
> ne va pas. C'est Charline?
> Elle a encore crié après
> toi? Veux-tu que j'aille lui
> parler?

>   CHRISTELLE
> C'est pas Charline.

>   FRANK
> C'est…?

>   CHRISTELLE
> C'est Steve.

>   FRANK
> Qu'est-ce qu'il t'a fait?
> Dis-moi ce qu'il t'a fait.

>   CHRISTELLE
> Ne t'énerve pas. Si je te le
> dis, il faut que tu me pro-
> mettes que tu ne feras rien.

FRANK
Je ne peux pas te promettre
ça.

CHRISTELLE
Je ne veux pas te le dire,
d'abord.

FRANK
OK, OK, je promets.

CHRISTELLE
Bon. J'allais me chercher un
verre d'eau, et Steve était
dans la cuisine. Il se tenait
devant l'armoire des verres.
Il voulait que je lui donne
un câlin pour passer. Je me
suis dit, OK, c'est juste un
câlin. Alors, je lui donne,
puis lui, il me serre et ne
veut plus me lâcher.

FRANK
Qu'est-ce que t'as fait?

CHRISTELLE
J'ai crié.

FRANK
D'accord, et après?

CHRISTELLE
Je suis venue ici.

FRANK
Tu n'es pas sortie de ta
chambre depuis ce matin?

CHRISTELLE
C'est ça.

FRANK

Ça n'a pas de bon sens! Il
faut que tu sortes d'ici!
Tu ne vas pas passer les
semaines qui restent enfermée
dans ta chambre, voyons
donc! Veux-tu que j'aille
lui parler, à Steve, moi? Ça
me ferait plaisir!

CHRISTELLE

Non, je ne veux pas que tu
lui parles.

FRANK

Ma belle, tu ne peux pas
rester dans ta chambre en
attendant que ça passe.
Steve, il va rester Steve, et
tant que tu ne lui auras pas
montré que t'es plus forte
que lui, il va ambitionner.

CHRISTELLE

Mais je ne suis pas plus
forte…

FRANK

Oui, tu es plus forte et en
plus, tu m'as. On va lui
donner une petite leçon
ensemble, si tu veux.

CHRISTELLE

Je veux pas lui faire de mal.

FRANK

T'es trop fine! Il ne mérite
pas que tu sois fine comme ça.
Mais, de toute façon, moi non
plus, je n'ai pas l'intention de lui faire du mal. Il

se plaindrait au Mentor puis
ça nous retomberait dessus.
Écoute, il y a un tour qu'on
a joué à un de mes amis qui
buvait tout le temps trop. En
fin de soirée, il ne se rappe-
lait plus où il restait, comment il s'appelait ni comment
marcher. On l'a enfermé dans
le garde-robe d'un gars de la
gang, puis on a tous attendu
qu'il se réveille, le lende-
main. Il pensait qu'il était
mort ou aveugle, il capotait.
On a vraiment ri. Tu vois, ça
ne lui a pas fait mal !

CHRISTELLE
Mais Steve ne boit jamais
assez.

Frank pointe du doigt les médicaments sur la
commode de Christelle.

FRANK
Peut-être, mais on peut
s'arranger pour doubler les
effets.

CHRISTELLE
Ha, je comprends ! Mais tu ne
lui feras pas mal, hein ?

FRANK
Je ne toucherai pas à un seul
de ses cheveux, Cri. Il ne
sentira absolument rien.

FIN

Témoignage de Donovan, p. 63
Témoignage de Christelle, p. 73
Christelle et Steve dans
la cuisine, p. 105

CHUCK DANS LE SAS

MISE EN SITUATION:
6 MAI, 19H03

Dans le sas, Chuck reçoit des révélations de
la part du Mentor.

> MENTOR
>
> Chuck, je t'ai fait venir
> dans le sas pour te montrer
> quelque chose d'important. Tu
> sais, dans la vie, chacun a
> sa façon de percevoir la réa-
> lité. Celle-ci est donc plu-
> rielle. Il en existe autant
> qu'il y a d'êtres humains et
> de points de vue. Est-ce que
> tu connais la fable des aveu-
> gles et de l'éléphant?

> CHUCK
>
> Non.

> MENTOR
>
> Un éléphant arrive dans un
> village où vivent six aveu-
> gles. Ils ne savent pas ce
> qu'est un éléphant. Ils déci-
> dent donc d'aller sentir,
> toucher ce nouvel animal
> afin de s'en faire une idée.
> Chacun d'eux en tâte une
> partie. «Hé! L'éléphant est
> un pilier», dit le premier,
> devant sa jambe.
>
> «Non! C'est une corde», dit
> le second, en touchant sa
> queue.

« Oh, non ! Ça ressemble à la branche épaisse d'un arbre », dit le troisième, en touchant sa trompe.

« C'est un grand éventail », dit le quatrième, en touchant son oreille.

« C'est comme un mur énorme », dit le cinquième, en touchant son ventre.

« C'est un gros tuyau », dit le sixième, en touchant sa défense.

Eh bien ! Ils avaient tous raison. Ils percevaient différemment l'éléphant selon la partie de son corps qu'ils examinaient. Ainsi, au Mentor, vous êtes comme un animal à neuf têtes, et chacun a sa propre vision des Aspirants et du monde qui les entoure. C'est comme cela dans la Résidence et c'est aussi comme cela dans la vie. On n'a pas souvent l'occasion de savoir vraiment ce que les gens pensent de nous. On reste dans notre coin, avec nos impressions. Moi, je t'offre une incursion dans la réalité de tes camarades. Tu sauras exactement ce qu'ils pensent de toi. Et je ne te l'offrirai pas deux fois. Peut-être préfères-tu rester dans l'ignorance. Mais si c'est le cas, tu pourrais regretter de ne pas avoir saisi cette chance de

découvrir la vérité. Tu as le
choix.

CHUCK

C'est clair que je veux
savoir.

MENTOR

Sans hésitation? J'aime
ça, Chuck. Voici l'extrait
numéro 1.

STEVE

L'autre jour, j'ai dit le mot
apothéose, il ne savait même
pas ce que ça voulait dire.
Il pensait que c'était une
maladie de peau.

MIRANDA

Oui, il est pas mal stupide!
Moi, l'autre fois, j'ai dit…
je ne sais plus, mais j'ai
dit une quelque chose de
très simple, et il n'a rien
compris.

STEVE

Des fois, j'ai l'impression
que dans sa tête, il n'y a
que deux neurones et qu'ils
s'obstinent pour savoir qui
prend l'appel. Finalement,
aucun ne le prend.

MIRANDA

Ah oui! Des neurones…

STEVE

C'est comme Frank, il est
tellement gonflé que si tu le

Scènes

perces avec une aiguille,
il se dégonfle! Chuck, si tu
perces sa tête, il coule de
l'eau. Je suis sûr qu'il y a
des poissons qui y vivent!

Steve et Miranda rient. Chuck arrive.

CHUCK
Pourquoi vous riez? Est-ce
qu'il s'est passé quelque
chose de drôle?

STEVE
Non, on parle de quelqu'un de
niaiseux.

CHUCK
Je le connais-tu?

STEVE
Je ne pense pas, non. Il est
trop niaiseux pour que tu le
connaisses.

MIRANDA, RIT
C'est vrai, ça!

CHUCK
Bon. J'allais à la cuisine,
voulez-vous que je vous rap-
porte quelque chose?

STEVE
Fais-nous donc un petit sand-
wich, ce serait bon.

MENTOR
J'ai un deuxième extrait à te
montrer.

CHUCK

Ouain. OK.

STEVE

As-tu vu mon chien?

FRANK

Quoi? Ton quoi?

STEVE

Chuck. L'as-tu vu?

FRANK

Est-ce qu'il sait comment tu
l'appelles?

STEVE

C'est pas important, l'as-tu
vu?

FRANK

Tu penses que Chuck, c'est
ton chien?

STEVE

Il jappe si je lui dis de
japper. Il fait tout ce que
je lui dit de faire: le
beau, tourner sur lui-même,
se coucher. Si je lui disais
de sauter en bas d'un pont,
je pense qu'il ne me poserait
même pas de questions.

FRANK

Attention, les chiens peuvent
mordre leur maître, des fois.

STEVE

Il est trop bien dompté.

Scènes

FRANK

Moi, je pense que tu peux
avoir des surprises. Chuck,
c'est un chef de meute qui
s'ignore. Faut juste lui
laisser de la place. C'est
pour ça que tu l'écrases et
que t'ambitionnes : tu le
sais à quel point il pourrait
faire juste une bouchée de
toi.

STEVE

Parce qu'il est grand et
bâti ? Nah ! Chuck, c'est ma
grosse doudoune. Il ne se
rebellera jamais contre moi.

FRANK

Et si je lui disais tout ce
que tu viens de me dire, comment tu le considères comme
un moins que rien ?

STEVE

Il ne t'écoutera jamais. Il
me fait trop confiance.

FRANK

C'est ce qu'on va voir.

MENTOR

Voilà ce que je voulais
te montrer. Tu es libre
d'en faire ce que tu veux,
d'ignorer ce que tu as vu,
mais je suis certain que tu
ne pourras pas l'oublier.
Chuck, ça va ?

CHUCK
Ouais, ouais. C'est bon.
Merci Mentor.

Chuck sort en marmonnant.

FIN

Fiche de Chuck, p. 8

Témoignage
de Chuck, p. 45

Scènes

EXTRAITS DES COMMENTAIRES DU FORUM – 12 MAI

Milou	Sortez Steve du jeu ! Il met la ***** partout ! Il est insupportable ! C'est une plaie !
Babelle	Milou, si ça ne te tente pas de voir Steve en action, tu as juste à changer de poste. Moi, je trouve que Le Mentor est vraiment meilleur que toutes les autres téléréalités. Enfin il se passe quelque chose À LA TÉLÉVISION ! Le Mentor est, des fois, chien avec les Aspirants et c'est très drôle. On sent que c'est intelligent ! Moi, je ne quitte plus mon écran et je veux suivre ça en direct.
GendarmeDan	D'accord avec Babelle. Milou, change de poste !
Gizmo12	Moi, je pense que c'est Miranda. Elle est trop folle. Mon ami a un ami qui est sorti avec cette fille-là, et elle est pire que ce qu'elle raconte. Elle pétait des coches TOUT LE TEMPS ! Elle est parano et arrêtait pas de l'appeler, même quand il a cassé. En tout cas, méchante folle. Attention, les gars, danger !
Chatmauve88	Je suis d'accord avec Milou. Faut que Steve s'en aille. Pis d'accord avec Gizmo12 : Miranda est folle.
Mustangmontée	Est-ce que vous savez si Le Mentor va continuer ? Il y a une rumeur comme quoi l'émission va arrêter pour qu'il y ait une vraie enquête de police. Ça serait plate. En plus, c'est Steve qui a tout orchestré.

Zakkk	Je sais que ce n'est pas Steve qui a fait ça. C'est mon ami, je le connais dans la vie, et il n'est pas suicidaire. En plus, c'est vraiment un personnage qu'il joue pour la téléréalité. Moi, je suis fier de lui parce qu'il tient son bout. Je suis dans le clan Steve à fond ! En plus, il se pogne les plus belles filles ! Il relève le défi haut la main ! GO, STEVE, GO !
Mustangmontée	Je ne disais pas qu'il voulait se tuer pour vrai. Je dis seulement qu'il a encore monté une affaire pour attirer toute l'attention.
Zakkk	GO STEVE pareil ! Il fait le show !
Nemo1997	C'est sûr que ce n'est pas Charline parce qu'elle fait juste chialer fort. Elle n'agit pas. Elle me gooooooooooosse !!!! Si on pouvait voter contre elle, je le ferais. Argh !!
Spacecow	Moi, c'est Marie-Aude qui me gosse ! Elle se prend pour une autre. Elle se pense intelligente. Tout ce qu'elle dit, tout le monde le sait et l'a remarqué tout seul. Helloooooo ??
Lilipuff	Potin, potin Marie-Aude n'a même pas fini la première session de son bac en psycho. Ma cousine l'a croisée quand elle voyageait en Europe et elle avait abandonné son bac pour partir en voyage. Méchante psychologue ! C'est pour ça qu'elle est poche ! MDR !!
Mado777	Potin 2 : Lisabelle est vierge ! Ha ! Ha !
Spacecow	Vrai ?
Mado777	Potin 3 : Frank s'habille en femme !
Babelle	N'importe quoi !
Mustangmontée	Mado, arrête de dire de la ***** ou sort du forum !!
Chicochico	Avez-vous vu Donovan après le meurtre ? Il avait les yeux rouges comme s'il avait pleuré. Hahahahahaaaaa ! Peur du noir !

Bigboy	J'ai déjà fait une pièce de théâtre avec lui au secondaire. En coulisse, quand on fermait les lumières de la salle, il capotait ! Pis à la fin, on ne pouvait pas fermer les lumières de scène pour le salut parce qu'il figeait. Il est vraiment peureux. Et il pleure souvent.
Chatmauve88	Ça recommence. Le Mentor va faire des interrogatoires ! Christelle a l'air gelée raide. Chuck lui parle, mais elle fixe un point sur le mur.
Mustangmontée	Yeah, ça recommence !
Bigboy	Les filles auraient pu se mettre plus belles pour les interrogatoires. Sont toutes en jogging !
Jane007	J'habitais sur la même rue que Christelle. Ses parents sont fous. Ils n'arrêtaient pas de crier après elle pour rien, même si elle était super fine. Il fallait toujours qu'elle porte un chapeau et de la crème solaire en été, et elle se couchait quand nous, on continuait à jouer dehors avec les autres enfants de la rue. Moi, je dis qu'elle va finir par en péter une, pis ce sera pas beau ! Si elle ne l'a pas déjà fait Mouah ! Ha ! Ha !
Gato	Miranda = drama queen ! Son interrogatoire est pissant ! Elle se défend mal.
Chatmauve88	S'ils trouvent le coupable, pensez-vous qu'ils vont poursuivre le jeu ? Sinon, il n'y aura plus de Mentor ? Bouh !
Babelle	Ça dépend de qui l'a fait et du pourquoi. Si c'est juste un accident On sait pas.
Bigboy	En tout cas, Miranda continue à dire que c'est pas elle. Moi, je trouve qu'elle a l'air sincère NOT !

Forum

Fiches des Aspirants, p.5
Interrogatoire
de Miranda, p. 133

Interrogatoires du Mentor

Voyant que je n'arrivais pas à faire la lumière sur cette affaire, j'ai décidé de placer les Aspirants dans une situation de jour perpétuel : les lumières ne s'éteindraient plus jusqu'à ce que nous ayons trouvé le coupable, quel que soit le motif. Peu m'importait le temps que cela prendrait. J'attendais le moment où l'un d'entre eux craquerait. Les interrogatoires ont été menés après deux jours de clarté. À la suite de leur interrogatoire, j'ai choisi de les isoler les uns des autres pour ne pas qu'ils se concertent, au cas où je devrais faire une autre ronde. Mais ce ne fut pas nécessaire.

– LE MENTOR

MIRANDA

Mentor

Miranda, tu sais que Steve te désigne encore comme la principale suspecte dans cette affaire?

Miranda

Je sais, oui. Ça me fait vraiment de la peine qu'il pense ça. Il ne me parle plus. Il m'évite. On était tellement bien avant que ça arrive. On avait nos hauts et nos bas, c'est sûr, comme tous les couples, mais il me semble que je commençais à percer sa carapace…

Mentor

Je te rappelle qu'avant l'incident, Steve s'était déjà détaché de toi. Tu considères que vous formiez vraiment un couple?

Miranda

Pas encore, mais je sais qu'on est faits l'un pour l'autre. Je suis la seule personne qui le comprend ici. Je suis la seule qui l'aime pour vrai. Il y a personne qui l'aime vraiment dans la Résidence. C'est parce qu'ils ne le comprennent pas. Mais moi, je suis prête à voir au-delà des apparences et à être là pour lui. Et lui, il ne me parle plus!

Mentor

Qu'est-ce qu'il y a au-delà des apparences, chez Steve, que nous ne voyons pas?

Miranda

Bien, il y a… il y a un gars. C'est quelqu'un de très profond, avec des convictions et des idées. Il pourrait s'en aller en politique ou être président d'une entreprise. Derrière chaque grand homme, il y a une femme… Moi, je serais là parce que je l'aime. Mais on me verrait si je me plaçais derrière lui, parce que Steve est plus petit que moi! Ha! Ha! Excusez, je suis un peu sur les nerfs.

Mentor

Qu'est-ce qui te rend nerveuse?

Miranda

J'ai peur que Steve m'en veuille pour toujours même si je n'ai rien fait! J'ai peur de perdre le seul homme que j'ai jamais aimé.

Mentor

Quand même, Miranda, n'exagère pas! «Le seul homme que je n'ai jamais aimé»; on n'est pas dans *Occupation Couple*!

Miranda

Je sais ce que c'est, l'amour, et je n'avais jamais vécu quelque chose d'aussi fort. Les autres gars, mes ex, je ne les aimais pas vraiment.

Mentor

Tu as tué un poisson rouge, tu as fracassé une voiture, mais tu ne les aimais pas vraiment? Une chance! Qu'est-ce que tu serais prête à faire pour un homme que tu aimes «vraiment»? Je veux dire: si celui-ci avait envie de te laisser pour une autre.

Miranda

Premièrement, j'étais jeune quand j'ai fait ces choses-là. Je ne savais pas ce que je faisais. J'ai agi sur le coup de l'impulsion et je suis bien moins impulsive qu'avant. En plus, Steve n'avait pas l'intention de me laisser; il voulait me donner une leçon parce qu'il trouvait que je l'étouffais. Mais je l'ai eue, ma leçon, je commençais à comprendre. Il ne veut

même pas me laisser ma chance. Après tout ce que j'ai fait!
J'ai été là pour lui. Je l'ai toujours aidé à gagner des points,
je l'ai toujours bien fait paraître, je n'ai jamais parlé dans son
dos...

Mentor

Ce n'est pas moi que tu dois convaincre de ta bonne foi mais
lui. Steve est persuadé que tu as tenté de le tuer.

Miranda

Je ne suis même pas assez forte pour assommer quelqu'un!
Et regardez mes ongles, ils sont impeccables. Je n'aurais
jamais pu faire ça. Je ne suis pas une manuelle.

Mentor

On parle quand même d'une fille qui a jeté un bloc de béton
dans le pare-brise de son ex... Je pense que tu es capable
d'être forte quand ça t'arrange.

Miranda

Ça suffit, l'histoire du bloc! C'est de la diffusion!

Mentor

Tu veux dire *diffamation*?

Miranda

Je veux dire que vous n'avez pas d'affaire à m'accuser vous
aussi, ce n'est pas juste!

Mentor

Je sème le doute, tout simplement. C'est mon travail de comprendre ce qui se passe dans la Résidence, et voilà ce que je
m'applique à faire. Raconte-moi encore une fois ta soirée.

Miranda

J'étais à la fête, je dansais avec Donovan, Chuck, Christelle…
non pas Christelle, elle était au bar. Je dansais avec Lisabelle,
Frank, en tout cas, je dansais et la lumière s'est fermée.

Mentor

Savais-tu qu'elle allait se fermer?

Miranda

Non…

Mentor

Miranda.

Miranda

OK, oui, Lisabelle avait l'air drôle après avoir parlé à
Donovan, et j'ai insisté pour qu'elle me donne les infos
secrètes. Donc, je le savais. Mais ce n'est pas une raison
pour m'accuser. Ce pourrait très bien être Donovan. Il est
super jaloux de Steve parce qu'il est plus charismatique
que lui et que vous lui donnez plus de visibilité dans l'émission. Vous trouvez pas ça bizarre, quelqu'un d'égocentrique
comme ça?

Mentor

Oui, tu as tout à fait raison. C'est fou à quel point les gens
peuvent être égocentriques.

Miranda

Tellement! Donovan parle fort, veut attirer l'attention sur lui
tout le temps. Aller jusqu'à vouloir tuer mon Steve pour ça,
pff! C'est un malade! Donc, la lumière s'est éteinte. Je suis
allée à la cuisine avec Charline et Lisabelle, mais j'ai décidé
de retourner à ma chambre parce que Charline n'arrêtait pas
de chialer.

Mentor

Pourtant, les caméras te montrent sortant de la salle commune pour aller rejoindre les Aspirants sur les lieux de l'incident.

Miranda

Hein ? Mais non !

Mentor

Les caméras ne mentent pas. Tu n'étais pas dans ta chambre au moment où a eu lieu le crime.

Miranda

C'est vrai, je ne suis pas allée dans ma chambre. Je suis retournée dans la salle du *party*. Je voulais voir si, peut-être, Steve m'attendait là. Je me suis dit que ce serait logique qu'il n'ait pas bougé. Il n'est pas vraiment du genre à aider… Alors, j'ai pensé que peut-être, il m'attendait… Mais non, j'étais toute seule. Quand je pense que mon bébé était juste à côté, en train de se faire étrangler par Donovan ! Oh ! Mon Dieu !

Mentor

Rien ne prouve que Donovan ait fait le coup.

Miranda

Je pensais qu'on s'entendait sur le fait que les gens égocentriques sont des malades dangereux.

Mentor

D'accord, on s'entend là-dessus…

Miranda

Bon !

Mentor

Miranda, va dans ta chambre — cette fois, sans passer par la salle commune.

Miranda

Je ne peux pas aller voir Steve pour lui dire que j'ai trouvé le coupable, que c'est Donovan ?

Mentor

Surtout pas. Laisse-moi poursuivre mon enquête. Je tirerai les conclusions.

Entrevue de Miranda, p. 16

Témoignage de Miranda, p. 41

Interrogatoire de Steve, p. 151

FRANK

Mentor

Tu sais que tu es le principal suspect pour l'accident de Steve? Avec le plan que tu as fait avec Christelle…

Frank

Si vous voulez! Moi, je dis que le seul responsable de ce qui est arrivé à Steve, c'est Steve lui-même. *Qui sème le vent récolte la tempête.* C'est un proverbe que je connais depuis longtemps, mais Steve, lui, vient de l'apprendre à la dure. C'est tout. Un fatigant qui se fait *péter la gueule*, ça arrive à tous les jours et ce n'est pas plus grave que ça.

Mentor

Voilà ta seule réaction aux événements?

Frank

Oui, c'est tout ce que ça me fait. Que Steve puisse commettre le genre de geste qu'il commet ici, sans aucun reproche de votre part, ça, ça me fait quelque chose. Intimider Chuck, Christelle, Miranda… Il a eu ce qu'il méritait.

Mentor

Tu devrais surveiller tes paroles, elles pourraient se retourner contre toi. Surtout que tu n'es pas blanc comme neige, avec Christelle et vos manigances!

Frank

Oh! Mais je n'ai jamais touché à un seul cheveu de Steve! Le plan a foiré, je n'ai pas pu me venger. Je voulais qu'il ait peur, mais, finalement, même après avoir passé proche de mourir, il reste le même fatigant.

Mentor

Tu reviens souvent sur le fait que tu trouves injuste que j'aie laissé Steve agir comme il l'entendait, sans le punir d'aucune façon. Cette injustice explique-t-elle que tu aurais aimé te venger de lui?

Frank

Quand j'étais petit, ma famille était pauvre. Ma mère devait travailler 7 jours sur 7 pour nous faire vivre parce que mon père s'est fait tuer. Parfois, on regardait des films et je voyais qu'il y avait des gens qui vivaient dans des maisons immenses et mangeaient comme des porcs. Ça, c'était injuste. Mais je n'ai jamais voulu tuer des riches sous prétexte qu'ils étaient riches. Ce n'est pas l'injustice qui me fait détester telle ou telle personne, ce sont leurs agissements. Steve, il fait des affaires qui n'ont pas d'allure à tous les jours. Tous les jours, il picosse, il écœure, il est comme un moustique qui ne s'en va jamais.

Mentor

Un moustique que tu n'aurais eu aucun mal à écraser.

Frank

Bravo Mentor, belle image! Mais je ne l'ai pas écrasé, le moustique.

Mentor

Qui a fait ça, d'après toi?

Frank

Ça va avoir l'air drôle ce que je dis là, mais je souhaite quasiment que ce soit Chuck. Ça ferait vraiment: *dans la face Steve!* Il me semble de voir mon Chuck super doux qui gronde en dedans, et qui décide finalement de passer aux actes, de prendre les grands moyens pour ne plus se faire traiter comme un chien. Quant à moi, il pourrait lui arracher la tête deux et même trois fois à Steve, j'espère qu'il s'est gâté!

Mentor

Pour être gâté, il l'est, avec la belle Christelle… Savais-tu qu'il se passait quelque chose entre ces deux-là?

Frank

Non! Je ne le savais pas. Ils ont l'air heureux, c'est ça qui compte.

Mentor

Donovan dit qu'il t'a entendu sacrer lorsque tu étais dans le sous-sol.

Frank

Il dit n'importe quoi, j'étais tout seul.

Mentor

Non, Donovan était tout près de toi, car il éteignait les lumières. Il est même passé derrière toi pour remonter, mais apparemment, tu ne l'as pas vu. Tu devais être en état de choc. Sur l'adrénaline, peut-être…

Frank

Oui et non. Je n'étais pas en état de choc, mais j'étais quand même assez choqué. Je vais vous expliquer. Ce n'est pas à cause de Steve. C'est à cause de Christelle et Chuck. Moi, je pensais… Je me disais que Christelle et moi, on irait bien ensemble. Je ne poussais pas, je ne suis pas ce genre de gars-là, mais t'sais, j'étais là pour elle. J'étais prêt à la défendre, il me semble que ça veut dire quelque chose quand un gars est là pour te protéger. Ça veut dire je sais pas. J'étais prêt à me mettre en danger pour elle. Mais elle a choisi Chuck. Depuis le début, Chuck, il doit trouver ça triste ce que Steve dit à Christelle, mais il n'a jamais essayé de la protéger plus qu'il ne faut! Il reste silencieux, tranquille, il laisse les choses aller et c'est lui qu'elle choisit. Je me sentais trahi. Et s'il y a une chose qui me met hors de moi, c'est la trahison. J'étais vraiment en colère contre elle. Surtout qu'on avait un plan ensemble! Mais le beau Chuck passe dans le coin et c'est tout oublié. Moi, je ne l'aurais jamais laissée tomber pour *frencher* dans le noir avec Miranda! C'est tout. C'est comme ça que je me sentais. Mais là, ça va mieux. Je comprends et je l'aime bien, Chuck, c'est une bonne personne, mais il a renié Steve, on dirait. C'est tout à son honneur.

Mentor

Tu es resté en bas à sacrer tout seul? C'est ta version des faits?

Frank

Donovan peut corroborer, « apparemment ».

Mentor

Mais avant que tu descendes…

Frank

Je vous l'ai dit, j'avais un plan avec Christelle. Elle ne l'a pas respecté, mais moi, je l'aurais suivi à la lettre. Je n'ai pas improvisé une attaque contre Steve. Ce n'est pas mon genre.

Mentor

Et tu penses que Chuck aurait pu faire le coup?

Frank

Il me semble que c'est logique. Il est le prince de la Résidence maintenant. Il a battu le dragon Steve, il a sauvé la princesse à ma place et il part avec elle. C'est sûr que c'est lui. Non, excusez-moi, ce n'est pas sûr, mais ça serait justifié. C'est lui qui méritait le plus sa vengeance. J'ai toujours su qu'il avait ça en lui, le *grrrr*, une violence refoulée. Ça se sentait qu'il allait péter à un moment donné. Ou qu'il va péter. Je divague. J'aurais aimé une vendetta.

Mentor

Merci, Frank. Tu peux aller au gym. Restes-y jusqu'à ce que j'aie terminé cette ronde d'interrogatoires.

Frank

Je peux aller me prendre un *shake* dans la cuisine avant?

Mentor

Bien sûr.

Description des images avant, pendant et après l'événement, p. 31

Frank dans le sas, p. 87

Interrogatoire de Christelle, p. 161

DONOVAN

Mentor

J'ai remarqué que, depuis deux jours, tu sembles tendu. Tu ne fais plus de blagues pour détendre l'atmosphère, tu cherches moins la caméra...

Donovan

Je ne sais pas! J'ai été l'élément déclencheur d'un désastre. C'est à cause de moi si tout ça est arrivé. Si je n'étais pas allé éteindre les lumières, personne n'aurait attaqué Steve et on pourrait continuer de faire des épreuves, comme avant. C'est rendu que je m'ennuie presque des tarentules de la semaine passée. En plus, de savoir qu'il y a des gens qui sont capables de commettre des actes aussi violents... Je pensais que tout le monde jouait ici. Même Steve disait qu'il jouait un rôle. Alors, la personne qui joue au meurtrier, elle me fait peur. Je ne connais pas ses motivations. Je me dis qu'elle peut bien décider que c'est moi le prochain qui lui tape sur les nerfs et me faire la peau. Je ne suis pas bien. Une chance qu'il fait clair. Je suis tout croche, demandez-moi pas de faire des blagues...

Mentor

Je ne te demande rien de tout ça. J'essaie juste de comprendre comment tu te sens.

Donovan

Mal. Je me sens mal.

Mentor

Y a-t-il des détails que tu aurais omis de me communiquer?

Donovan

Non, je suis resté près des *breakers* et j'ai attendu dans le noir. J'ai compté jusqu'à 500. Jamais je n'aurais cru que c'était si long, se rendre à 500. J'avais tellement peur. Pendant ce temps-là, quelqu'un se faisait attaquer. C'est fou! Moi, j'avais peur et pourtant, il ne se passait rien. Ça a toujours été une de mes phobies, qu'une main m'agrippe dans le noir pour m'étrangler, que je ne sache pas d'où ça vient, que je ne sois pas capable de crier.

Mentor

Steve t'a quand même fait la vie dure. Il n'avait pas beaucoup de respect pour le métier de comédien…

Donovan

Y en a plein comme lui pour dire que l'art, ça ne sert à rien. Pourtant, tu vois, Steve, il veut faire partie d'une téléréalité. Il a le goût de marquer les gens, de leur faire vivre quelque chose, des émotions. Il aimerait se faire reconnaître. Passer à l'histoire à sa façon. On veut la même chose au fond! On essaie de donner un bon *show*. C'est juste que lui, c'est Darth Vader, et moi, Luke Skywalker. Il a choisi le côté obscur de la force et il se fait remarquer en faisant des choses négatives, si je peux dire. Ça fait longtemps que je l'ai compris. C'est sûr que c'est fatigant parce que Steve, il ne lâche pas le morceau. Même s'il voit que je n'ai pas envie de répliquer, il ne me laisse pas tranquille. Il faut qu'il aille jusqu'au bout. J'ai longtemps pensé que c'était lui qui s'était fait ça lui-même. Il voulait aller au bout de l'expérience de la téléréalité. Y mourir, c'est quand même du jamais-vu. Mais en même temps, Steve est trop narcissique pour ne pas assister à son triomphe. C'est pour ça qu'il ne serait jamais passé à l'acte.

Mentor

Et si je te disais que certaines personnes te soupçonnent
d'avoir fait ça à Steve?

Donovan

Ha! Ha! Ha! Excusez. Ha! Ha! Voyons donc! Premièrement,
j'ai peur du noir. Je peux vous garantir que je n'ai pas bougé
de la cave; c'est tout juste si j'ai lâché l'interrupteur tellement
j'étais stressé. Deuxièmement, vous vous souvenez, dans les
débuts du Mentor? La fois où il fallait tuer les insectes, les
espèces de papillons de nuit que vous aviez lâchés dans la
Résidence... L'invasion! Vous aviez appelé l'épreuve comme
ça. Moi, j'étais la personne qui criait le plus. J'ai surpris
toutes les filles tellement je criais aigu. Pas capable d'en tuer
un. Ah oui! J'en ai eu un et j'ai pleuré! Je n'aime pas ça, tuer.
Dire que Steve et Frank en ont mangés... Ah! Et Lisabelle, les
grillons! Ha! Ha! Ça ne se peut pas. En tout cas. Moi, je suis
le genre de gars qui fait sortir les araignées et les mouches
quand j'en ai dans mon appart. Je ne suis pas qualifié pour
tuer quelqu'un ou même en faire la tentative. Qui a dit que
c'était moi?

Mentor

Je ne peux pas te le révéler.

Donovan

Je suis sûr que vous répétez la même chose à tout le monde
pour voir comment on va réagir.

Mentor

Ça ne te regarde pas non plus.

Donovan

Bon, je vais vous dire qui je soupçonne d'abord; comme ça,
on va continuer la chaîne. Je pense que c'est Charline.

Mentor

Comment ça ?

Donovan

Pour moi, ce n'est pas normal d'être toujours fâchée. Elle a tellement de colère en elle ! Elle est constamment en ébullition. Je ne sais pas ce qui la rend comme ça, mais pour moi, elle est une bombe à retardement.

Mentor

À retardement ? Ne trouves-tu pas qu'elle explose de façon assez ponctuelle ?

Donovan

J'ai l'impression que c'est comme un volcan. Des fois, avant la grosse éruption, il y a des nuages de suie qui montent dans les airs. C'est ça, Charline. Elle fait plein de nuages de suie, mais à un moment donné, elle va exploser et tout détruire autour d'elle. En tout cas, quand elle est dans la cuisine avec un couteau, moi, je me tasse de là et je me trouve autre chose à faire. J'ai comme un malaise, je ne lui fais pas confiance.

Mentor

Parlant de confiance. As-tu parlé de l'épreuve des lumières à quelqu'un ? Ça aurait pu faire en sorte que l'agresseur prépare son coup.

Donovan

J'en ai parlé à Lisabelle parce que ça me stressait. Chuck savait aussi que je devais faire quelque chose de très difficile pour moi. Il m'a demandé si ça avait rapport à la noirceur. Il le sait que je n'aime pas ça, on en a parlé ensemble. Mais de là à savoir si eux en ont parlé… J'ai l'impression que Chuck aurait pu le dire à Christelle. Lisabelle, elle, est tellement gentille et prévenante, elle a peut-être averti des filles… Je n'aurais pas dû en parler, hein ?

Mentor

Ce n'est plus tellement grave. Retourne dans la salle commune et essaie de te détendre.

Donovan

Ça va mieux depuis que je vous ai parlé.

Témoignage
de Donovan, p. 63
Steve et Donovan dans
le gym, p. 109

STEVE

Mentor

Tu es conscient que tu détiens, en quelque sorte, la clé de cette énigme?

Steve

Plus ça va, moins je me rappelle. Je me dis que la première impression est souvent la bonne et moi, j'ai eu l'impression que c'était Miranda qui m'amenait avec elle dans la salle de bain.

Mentor

Elle nie pourtant. Elle est même bouleversée que tu ne veuilles plus lui parler.

Steve

Je sais qu'elle fait bien pitié aux yeux de tout le monde, mais moi, ça se trouve que j'étais *tanné* de ses crises de jalousie. Elle aimerait que je sois son jouet juste à elle. Là, je veux la tenir loin. Je me dis qu'elle aurait été tout à fait capable de faire ça. Elle est épeurante des fois. Je vais me concentrer sur Lisabelle, je pense. Elle ne me voit pas venir, la petite… Je sens qu'elle est pleine de compassion. Une vraie fine, comme je les aime. Je m'imaginais que je voulais une fille avec du caractère qui aurait le dessus sur moi, mais non, je les aime un peu moins compliquées. Et Chuck m'a doublé sur le dossier Christelle. Je l'ai croisée l'autre jour, la petite Liz, devant les chambres des gars. Je vous le dis, je pense qu'elle est plus coquine qu'elle le laisse paraître.

Mentor

Je ne suis pas là pour t'entendre parler de stratégies, Steve,
mais bien pour découvrir celui ou celle qui t'a agressé.

Steve

J'ai essayé de tirer les vers du nez à tout le monde. Pendant
un temps, je me disais que c'était Frank, mais je lui ai serré
la main hier et elle est énorme. Celle qui m'a tiré jusqu'à la
salle de bain était toute petite. Une grosse main poilue, je ne
l'aurais pas suivi! Ce pourrait être Donovan, parce que ses
mains sont minuscules, mais il a quand même la voix grave
et il ne sait pas chuchoter, il déclame tout le temps ce qu'il a
à dire. Il parle fort pour montrer qu'il est comédien. Fatigant.
Je reste avec ma première idée: c'est Miranda. Sortez-la du
jeu qu'on continue! J'ai de l'argent à gagner!

Mentor

Tu retombes vite sur tes pattes! Rien à voir avec le Steve
paniqué des derniers jours.

Steve

J'étais vraiment rendu parano. Mais ça me tente plus d'avoir
peur. De toute façon, là, il fait clair, il peut rien m'arriver.
Vous allez trouver le coupable.

Mentor

Et que répondrais-tu à ceux qui pensent que tu t'es fait ça
toi-même?

Steve

J'obéis à la loi du moindre effort. Je fais tout faire par
quelqu'un d'autre, dans la vie. M'avez-vous déjà vu me lever
pour aller chercher un verre d'eau? C'est toujours Miranda
qui y va pour moi. M'avez-vous déjà vu faire des corvées,

seul? Non, toujours avec Chuck, et je me débrouille pour lui laisser la *job*. Si j'échappe quelque chose par terre, c'est un des deux que j'envoie chercher. Je me penche à peine, croyez-vous vraiment que j'irais souffrir, que je me ferais mal? Trop de trouble pour moi. Je ne suis pas assez dévoué pour ça. Je n'ai pas l'esprit du sacrifié. Moi, je sacrifie les autres en premier.

Mentor

Là-dessus, tu n'as pas tort. Savais-tu que Christelle et Frank complotaient pour te donner une leçon?

Steve

Christelle? Comment elle aurait fait ça? Autant dire que Frank aurait fait le travail tout seul.

Mentor

Tu n'as pas remarqué que ton verre avait été drogué durant la soirée?

Steve

Ha! Ha! OK! C'est *ça* qu'elle faisait! Je pensais qu'elle mettait un petit quelque chose dans les verres de tout le monde pour pimenter la soirée. Elle a un petit côté *wild*. Je ne pensais pas qu'il était *si* intense que ça… Qu'est-ce qu'elle voulait? Elle m'a donné la drogue du viol? C'est pour ça que j'en ai perdu des bouts?

Mentor

Non, juste des somnifères.

Steve

Ah! Dommage. Écoutez, oui, ce pourrait être Christelle, ce pourrait être Christelle et Frank. C'est vrai que j'ai cherché Frank ces derniers temps et je suis certain que ça lui aurait fait plaisir de défendre la petite. Mais j'ai l'impression que c'est Miranda. Je me fie à mes instincts, je suis un animal. Ahooooou!

Mentor

OK, Steve. Retourne dans la Résidence et ne parle à personne jusqu'à nouvel ordre.

Fiche de Steve, p. 6

La dispute entre Steve et Miranda dans la cuisine, p. 83.

LISABELLE

Mentor

Comment vas-tu, Lisabelle? Tu es la seule qui a réussi à dormir depuis que j'ai rendu le jour perpétuel. Tu sembles avoir l'esprit tranquille.

Lisabelle

Je suis un peu stressée, mais c'est juste que je ne l'exprime pas comme les autres. Moi, le stress ça me fait dormir. C'est un peu pour ça que j'ai raté mes études au conservatoire de musique. Avant chaque examen, je dormais tellement longtemps que des fois, je ne me réveillais pas à temps pour pratiquer.

Mentor

Donc, tu es anxieuse présentement?

Lisabelle

Je suis très perméable aux émotions des gens qui m'entourent. Tout le monde est dans un état second. On se demande tous si on va sortir d'ici ou si le jeu continue.

Mentor

Toi, est-ce que tu aimerais que le jeu continue? Si je me rappelle bien, la dernière fois que nous nous sommes parlé, tu voulais sortir.

Lisabelle

Oui, mais ça va maintenant. Je suis prête à aller jusqu'au bout.

Mentor

As-tu réussi à faire parler Steve ? À obtenir des confidences d'autres participants ?

Lisabelle

Non, tout le monde est pas mal dans sa bulle. Marie-Aude m'inquiète. Elle ne me parle plus depuis l'accident. C'est comme si elle fuyait. Pourtant, je ne lui ai rien fait. D'habitude, elle vient tout le temps nous parler. Elle veut savoir comment on se sent. Là, rien.

Mentor

Donovan t'a dit qu'il allait éteindre les lumières ?

Lisabelle

Oui, je l'ai su. J'avoue que j'en ai parlé un peu...

Mentor

À qui ?

Lisabelle

Je ne me rappelle plus si c'est à Miranda, à Christelle ou aux deux. J'avais juste envie de rendre service et d'être gentille avec les autres. Comme d'habitude.

Mentor

Toi, Steve, il ne t'agaçait pas ?

Lisabelle

C'est sûr que je le trouvais fatigant, mais il n'était pas important pour moi. Je ne lui ai jamais laissé l'espace pour qu'il m'atteigne émotivement. Ça m'en prend beaucoup pour me faire sortir de mes gonds. Depuis la mort de ma sœur, il n'y a plus grand-chose qui me dérange vraiment. Je suis allée en thérapie pour laisser sortir mes émotions ; le psy disait que je gardais trop de choses en dedans. Maintenant, je pleure souvent, même quand je ne suis pas vraiment triste. Il paraît que c'est bon de pleurer, que ça fait sortir le méchant…

Mentor

Justement, de trouver Steve dans le bain lors de sa fausse tentative de suicide, ça ne t'a pas bouleversée ? Étant donné les circonstances tragiques de…

Lisabelle

On ne parle pas de Gabriellanne, s'il vous plaît. Je la porte dans mon cœur, son souvenir m'appartient. Oui, ça m'a ébranlée mais ici, on est dans un jeu, ce n'est pas la réalité. J'ai compris assez vite que Steve ne réalisait pas la portée de ses gestes. Sa réflexion ne dépasse jamais le premier niveau. Il ne se rend pas compte du mal qu'il fait. Je suis venue ici pour m'amuser, pour recommencer à neuf. Ça ne sert à rien de lui en vouloir. Ça ne sert à rien.

Mentor

Pourtant, certains lui en voulaient. Je suis conscient que ce n'est pas la personne la plus agréable de la Résidence. Tu as le droit de dire du mal de certaines personnes, Lisabelle.

Lisabelle

Je suis habituée d'accepter les gens tels qu'ils sont. Je ne peux que travailler sur moi-même. Je ne peux forcer personne à changer. Même si je les écoute et les conseille. Je sais que j'aurais le droit de dire du mal de Steve, mais je n'en ai pas envie.

Mentor

Tu sais que tu es dans la mire de Steve ?

Lisabelle

Dans sa mire… ?

Mentor

Comme prochaine conquête.

Lisabelle

Ça ne se peut pas! Non! Pas une autre, pas moi! Ça ne marchera pas, je peux vous le garantir, ça ne marchera pas. Voyons donc!

Mentor

Eh bien! C'est une des première fois où je te vois sortir de tes gonds.

Lisabelle

Je ne peux pas croire qu'il pense avoir des chances avec moi! Je ne suis pas son genre de fille du tout. Et il n'est pas mon genre non plus!

Mentor

C'est quoi ton genre? Pourquoi ça te met tellement en colère que Steve s'intéresse à toi?

Lisabelle

Pourquoi on passe du «pseudo-meurtre» de Steve au genre de gars qui m'intéresse? C'est quoi ça?

Mentor

Je pense que les téléspectateurs veulent en savoir plus sur toi. Tu es tellement secrète, tellement lisse. Je profite d'un de tes seuls moments de faiblesse depuis le début de la saison, j'essaie de te faire parler de toi. Tu ne peux pas m'en vouloir!

Lisabelle

Je ne suis pas secrète, c'est simplement que je n'ai pas grand-chose à dire sur moi. Je ne comprends pas les gens qui peuvent parler d'eux pendant des heures, de ce qui leur arrive. Des fois, l'anecdote qu'ils racontent est deux fois plus longue que le moment qu'ils ont vécu! Moi, je vis tout intensément, mais après, j'ai du mal à me souvenir. J'ai même de la difficulté à me rappeler ce que j'ai fait la veille! Et si je ne suis pas capable de parler de moi longtemps, je suis encore moins capable de dire qui je suis. Vous savez exactement qui vous êtes, vous? Moi non. Je pense qu'on sait ces choses-là quand on a soixante ans, et même là… On regarde les choses qu'on a faites, nos choix, ce qui nous a rendu heureux ou malheureux. On dresse un bilan et ça finit par nous dire qui on est… J'imagine. Mais on s'éloigne de plus en plus du sujet, là.

Mentor

Puisque tu insistes, revenons à tes gestes lors de la soirée de l'accident.

Lisabelle

Mes gestes?

Mentor

Ce que tu as fait pendant que ça s'est passé.

Lisabelle

Je suis allée chercher des bougies avec Charline et Miranda.

Mentor

Charline a dit qu'elle s'est sentie seule, à un certain moment. Miranda a avoué qu'elle était retournée dans la salle commune, car elle croyait y trouver Steve. Toi, où étais-tu?

Lisabelle

Je suis restée avec Charline, mais je ne répondais pas à ce qu'elle me disait, c'est tout. Vous savez comme je peux être réservée, presque invisible. C'est pour ça. Elle parle pour deux, Charline. D'habitude, je ne place pas un mot et elle ne s'en rend même pas compte.

Mentor

OK. C'est bien, Lisabelle. J'ai terminé avec mes questions.

Fiche de Lisabelle, p. 9

Entrevue de Lisabelle, p. 16

Extrait de l'atelier

« Ce dont j'ai honte », p. 93

CHRISTELLE

Mentor

Tu as l'air de mieux te porter qu'à notre dernière rencontre, Christelle…

Christelle

Oui. Je vais mieux.

Mentor

Est-ce que ta nouvelle histoire d'amour avec Chuck contribue à ta meilleure humeur?

Christelle

Oui, quand même. (*Elle rit doucement*)

Mentor

Toi et Chuck, vous vous êtes rapprochés depuis l'accident. Comme si vous partagiez un secret.

Christelle

Je vous l'ai dit la dernière fois. Je savais que j'avais une attirance pour lui, mais je n'avais jamais osé aller plus loin parce que j'avais peur que mes parents m'en veuillent de me voir faire des choses à la télé.

Mentor

Et maintenant, ça ne te dérange plus?

Christelle

Maintenant, l'aventure peut se terminer n'importe quand, alors je réalise qu'il faut que j'en profite.

Mentor

Pourtant, à ce que je vois, il ne se passe pas grand-chose. Vous vous tenez la main, vous osez à peine vous prendre la cuisse. Même quand vous êtes seuls.

Christelle

On prend le temps de se connaître.

Mentor

Vous ne vous parlez pas.

Christelle

Je le sais… (*Christelle rit toute seule*) Excusez, je suis un peu fatiguée.

Mentor

Est-ce que tu as pris des médicaments?

Christelle

Juste un truc pour le mal de dos. Ça me détend.

Mentor

Pourquoi? Es-tu angoissée?

Christelle

L'ambiance est stressante. Je suis toujours avec Chuck, plus personne ne nous parle. Je ne suis plus capable de voir Steve, il me dégoûte.

Mentor

Christelle, qu'est-ce que tu as aux mains?

Christelle

Rien.

Mentor

Non, ne les cache pas dans ton kangourou. Tu as omis de me dire que tu t'étais blessée ? Comment est-ce que tu t'es fait ça ?

Christelle

C'est la nervosité, c'est juste un peu d'eczéma. Je pense que ça a commencé quand on gonflait les ballons. Ma *job*, c'était d'attacher les ballons. C'était dur pour les doigts. Je suis un peu allergique au caoutchouc.

Mentor

Pourquoi m'as-tu caché tes mains l'autre jour ?

Christelle

(Elle pleure) Parce que j'avais peur que vous pensiez que j'avais fait mal à Steve. Et moi, je trouvais ça louche aussi, sur le coup, je ne me rappelais plus des ballons et de l'eczéma. Je me disais que j'avais peut-être eu un épisode psychotique et que je l'avais tué sans m'en rendre compte parce que je ressentais trop de colère pour lui. J'ai vu des films où des gens commettent des meurtres et disent qu'ils ne se rappellent plus de rien, après. Mais j'ai fini par me rappeler que j'étais allergique au caoutchouc. C'est pour ça que je n'aime pas les clowns, d'ailleurs, ceux qui font des ballons en forme d'animaux et que j'ai un peu de misère avec Donovan, qui ressemble beaucoup à un clown. Il parle fort, il rit fort, il veut toujours faire des blagues. J'ai peur de lui, je n'aime pas être seule avec lui. Dans un film d'horreur, y a-t-il quelque chose de plus épeurant qu'un clown qui rit ? En tout cas. *(Elle rit)* Excusez. Je pense que je ne suis pas claire. *(Elle rit)*

Mentor

Intéressant, Christelle, mais on s'éloigne du sujet, à moins que tu ne souhaites faire peser les soupçons sur Donovan. Donc, tu dis que ces blessures sont propres à une irritation et à de l'anxiété. Pourquoi es-tu anxieuse ?

Christelle

Je n'aurais pas dû parler d'un plan de vengeance avec Frank. Je le regrette. Je ne peux pas m'empêcher de penser qu'il aurait pu attaquer Steve juste pour me faire plaisir. J'ai peur qu'il l'ait fait. Il me dit que non, mais qui d'autre aurait eu intérêt à le faire ? Il cherchait à me protéger… Ah ! J'ai soif, je suis vraiment fatiguée. Est-ce que ça finit bientôt, la lumière tout le temps ? Je m'ennuie presque de la panne de courant ! Pas pour ce que vous pensez… (*Elle rit*)

Mentor

Reprends tes esprits un instant, Christelle. Tu penses que Frank aurait pu faire le coup seul ?

Christelle

Il est assez fort pour ça. Je sais qu'il a changé depuis quelques années, c'est ce qu'il dit. Mais je sais aussi que c'est difficile de changer. Combien de thérapie j'ai dû faire pour arrêter de prendre des médicaments tout le temps ? Combien de psychologues j'ai vu pour soi-disant soigner mon insécurité ? C'est difficile quand un comportement est en toi depuis l'enfance. Mais je le trouve très gentil, Frank ! Je ne faisais pas semblant d'être son amie.

Mentor

Tu parles au passé.

Christelle

Je suis encore son amie, mais lui, on dirait qu'il est plus froid avec moi. Je ne sais pas pourquoi.

Mentor

Tu ne sais pas pourquoi?

Christelle

Non.

Mentor

Christelle, allons! Tu n'as rien vu?

Christelle

Quoi?

Mentor

Christelle…

Christelle

Non! Frank? Vous voulez dire que… Mais ça ne se peut pas! Ah non! Il doit penser que je suis vraiment méchante et que j'ai profité de lui! Est-ce que je peux aller lui faire un câlin?

Mentor

Non, tu parleras à Frank plus tard pour faire le point. Retourne dans ta chambre et écoute un peu de musique, ça te fera du bien.

Interrogatoire de Frank, p. 139

Interrogatoire de Chuck, p. 173

CHARLINE

Mentor

Comment vas-tu, Charline?

Charline

Ça va très bien! Je ne sais pas pourquoi vous me demandez ça! C'est le bonheur!

Mentor

Bon.

Charline

Il n'y a personne qui dort depuis deux jours, tout le monde se demande combien de temps ça va durer. Vous vous foutez de ce qui se passe, vous jouez à l'enquêteur. Si vous voulez faire une vraie enquête, faites venir la police! Là, on attend et ça ne sert à rien. Moi, je suis en train de me dire que vous avez encore manigancé quelque chose avec Steve. Sinon, ça ferait longtemps que le jeu serait arrêté. Si c'est une tentative de meurtre, on est avec un meurtrier et vous attendez qu'il frappe de nouveau. Vraiment? C'est ça, votre stratégie? On n'est pas dans un roman d'Agatha Christie! Faites-nous sortir qu'on en finisse. Il n'y a plus personne qui veut jouer à votre jeu de *****.

Mentor

Charline, si tu sais quelque chose, dis-le. Sinon, tu ne m'aides pas.

Charline

Je ne veux pas vous aider.

Mentor

J'ai demandé aux autres de nommer la personne qu'ils soupçonnaient d'avoir commis le crime, et ton nom est sorti. Qu'est-ce que tu as à dire?

Charline

Mon nom est sorti? ouuuuh! Je peux vous en sortir plein, des noms, moi. Tout le monde avait une bonne raison de tuer Steve. Même moi, je l'avoue, je l'haïs.

Mentor

Pourquoi est-ce que tu le détestes tant?

Charline

Parce que c'est un petit arrogant qui se croit tout permis. Parce que vous lui laissez faire n'importe quoi. Avez-vous un petit frère, Monsieur Le Mentor?

Mentor

Je ne peux pas répondre à cette question.

Charline

Eh bien! Moi, j'en ai un petit frère. Plutôt, j'en ai *eu* un, parce que j'ai coupé tous les ponts avec ma famille il y a longtemps. Je n'ai plus de famille, je n'en ai pas besoin. Ça ne m'a jamais rien apporté de bon. Il y a des gens qui disent que c'est ce qui est le plus important pour eux. Dans mon cas, ma mère et mon beau-père, ils me mettaient tout sur le dos, alors que c'était Samuel qui faisait les mauvais coups. Dès qu'il est né, je l'ai détesté. Il attirait l'attention, je n'existais plus. Steve, c'est pareil: c'est juste un bébé gâté. Par vous. Donc, le déteste.

Mentor

Tu n'es plus du tout en contact avec ta famille?

Charline

Non. Peut-être qu'ils vont me voir ici et qu'ils vont savoir ce que je suis devenue, mais moi, je ne veux plus les voir. Je suis partie de la maison quand j'avais 14 ans et depuis, je me suis débrouillée seule. J'ai fait des erreurs, je me suis retrouvée dans le trouble, mais maintenant, je sais qui je suis.

Mentor

Toi et Frank avez un passé qui se ressemble, en quelque sorte…

Charline

Pas du tout. Zéro! Lui, il joue celui qui ne l'a pas eu facile parce qu'il s'est battu deux, trois fois dans la cour d'école, mais dans le fond, il avait sa mère, ses frères. Et tout finissait par s'arranger. Moi, j'avais une mère qui ne m'aimait plus parce que je lui faisais penser à mon père, et un beau-père qui s'en foutait parce qu'il avait un fils. J'étais toute seule. Alors non, je ne me suis pas fait d'amis parmi votre sélection de ratés et de désaxés mentaux, puis non, je ne l'aime pas, «Steve-le-pourri». Non, je ne suis pas un rayon de soleil. Oui, je suis quelqu'un de difficile à vivre. Mais je ne laisserai personne piler sur mon honneur, parce que c'est tout ce que j'ai. Que les gens disent, que j'aurais tué Steve, je m'en fous. Moi, je le sais, ce que j'ai fait cette soirée-là: j'ai cherché des chandelles dans la cuisine d'une maison d'une téléréalité de *****!

Mentor

Je connais ton passé, Charline. Je t'ai choisie parmi les Aspirants pour ta force de caractère et ta résilience. Tu ne t'en laisserais pas imposer, je le savais. Cependant, c'est la première fois que tu me parles de tout cela. Pourquoi maintenant?

Charline

Je ne suis pas du genre à m'attarder sur mon passé, et surtout pas du genre à tout raconter à l'apprenti psychologue de carnaval. Mais je suis quelqu'un de franc. Vous m'avez demandé pourquoi je haïssais Steve ; je vous ai donné mes raisons… Ça aurait pu mieux sortir, mais ça fait deux jours qu'on n'a pas dormi, je sens que je suis sur le point d'exploser.

Mentor

Qui a fait le coup, d'après toi ?

Charline

Encore cette question ? Écoutez, je suis partie à la cuisine avec Miranda et Lisabelle… En fait, les deux filles ont dit qu'elles venaient avec moi quand j'ai proposé d'aller à la cuisine. Mais j'étais seule une fois rendue. Je le sais, quand je parle toute seule et quand il y a quelqu'un ! Chuck et Christelle, ils se faisaient pas mal discrets, eux aussi. Il n'y avait personne autour de moi. Ils pourraient bien s'être arrangés tous ensemble pour se couvrir les uns les autres par la suite. Mais moi, personne ne m'a impliquée dans l'affaire. Toute seule dans la cuisine, toute seule dans la vie.

Mentor

Tout le monde ? Tout le monde est coupable sauf toi ? Et puisque que tu étais « toute seule », personne ne peut témoigner de ton innocence. Il n'y a personne pour te fournir un alibi.

Charline

Peut-être que quelqu'un me soupçonne, mais oubliez ça, ce n'est pas mon genre de tuer des gens ! J'aime mieux les répliques assassines que les assassinats. Qu'on m'ait nommée ou pas, ça ne fait aucune différence. Je sais qui je suis et ce que je fais.

Mentor

Incrimine quelqu'un à ton tour, pour l'exercice. Tout le monde s'est prêté au jeu.

Charline

Oh! C'est un jeu pour vous! Excellent! Alors, je vais dire Lisabelle parce qu'elle m'énerve ces temps-ci. Elle fait la gentille, la fille à l'écoute. Une vraie Mère Teresa! Comme si quelqu'un est aussi gentil… C'est louche. En tout cas, moi, je n'ai jamais vu personne être gentil comme ça pour rien. Vous êtes content, là, je me suis prêtée au jeu. Vous me le direz quand on va avoir du plaisir, parce que pour l'instant, personne ne semble s'amuser à votre jeu. Maintenant, Lisabelle, si tu écoutes un jour l'émission sur des DVD que tes parents t'ont sûrement faits parce qu'il t'aiment, sache que je m'excuse. Souvent, je pense à moitié ce que je dis. Donc, tu es à moitié louche et tu ne m'énerve que la moitié du temps. Par contre, c'est vrai que je n'ai jamais vu quelqu'un d'aussi gentil que toi. Si tu es vraiment comme ça, tant mieux. C'est rare. Je vais te dire une chose : laisse tomber les gens croches qui te disent que leur vie est laide et trouve-toi quelqu'un qui t'aime! Faites des enfants et aimez-les. C'est comme ça que tu vas changer le monde, ma belle. Ça, je le pense à 100 %.

Mentor

Charline, tu peux à présent aller dans ta chambre et ne parle à personne de ce que tu as dit ici.

Charline

À qui est-ce que vous voulez que j'en parle?

Fiche de
Charline, p 11
Témoignage
de Charline, p. 53

Interrogatoires
du Mentor

CHUCK

Mentor

Chuck, tu n'as pas l'air de t'ennuyer ces temps-ci. C'est quand même un revirement de situation intéressant. Tu passes du gars qui suivait Steve à un rôle de mâle alpha.

Chuck

Oui. C'est spécial… En tout cas, ça va bien. C'est sûr que je me sens mal de me réjouir dans les circonstances, mais ça fait longtemps que je n'ai pas été heureux comme ça.

Mentor

Tu parles de Christelle ?

Chuck

Évidemment ! Je ne vois pas autre chose.

Mentor

Et Steve ? Tu sembles t'être libéré de son emprise depuis l'incident.

Chuck

Il est trop occupé à faire semblant de soupçonner tout le monde. Il n'a pas le temps de me donner des ordres ; c'est tant mieux pour moi.

Mentor

Tu dis *faire semblant* de soupçonner ?

Chuck

Il en met trop pour que ce soit sérieux. Il fait son hystérique ces temps-ci. Il accuse Miranda, il accuse Frank… Et quand il a repris connaissance et qu'il a vu Christelle au-dessus de lui, il était fier, comme s'il venait de faire un bon coup.

Mentor

Ce n'est pas ce que tu me disais lorsque tu as témoigné, juste après l'incident. Tu disais que tu étais content qu'il soit en vie.

Chuck

Oui, je suis content qu'il soit en vie et j'ai eu peur qu'il soit mort pour vrai, mais après ce que m'a raconté Christelle… Et après les vidéos que vous m'avez montrées aussi… Je n'ai plus envie d'être son ami.

Mentor

Tu n'as pas cru Frank lorsqu'il t'a dit que Steve se servait de toi. Pourquoi es-tu prêt à croire Christelle en ce moment? Elle pourrait aussi vouloir se servir de toi.

Chuck

Bon, avez-vous encore des extraits-chocs à me montrer? Si c'est le cas, cette fois-ci, je m'en passerais. Je suis trop bien en ce moment. Vous me rappellerez dans quelques semaines pour me dire que mon histoire d'amour est montée de toutes pièces.

Mentor

Je n'ai aucun extrait à te montrer.

Chuck

Ça veut dire que Christelle m'aime pour vrai?

Mentor

Je ne peux pas me prononcer pour elle. Si on parlait plutôt de ce que cela t'a fait d'apprendre la vérité sur ce que Steve pensait de toi?

Chuck

Au début, je ne savais pas comment réagir. J'ai fait comme si de rien n'était. Je me suis rappelé ce que ma mère me disait quand j'étais petit et que des plus grands me harcelaient à l'école : « Ignore-les. » Alors, j'ai décidé de l'ignorer, Steve. Après l'avoir vu « mort », ça a fait comme un déclic dans ma tête, et j'ai décidé qu'il pouvait arrêter d'exister pour moi. Miranda était tellement fière de pouvoir rire de moi dans mon dos avec lui ! Maintenant, ils me font pitié tous les deux. En devenant ami avec Steve, je pensais être sympathique avec quelqu'un qui manquait de confiance en lui. Vous savez, le petit dur de la cour d'école, des fois, tu ne le sais pas mais son père le bat, ou bien chez lui, c'est le plus petit de la famille et il est le souffre-douleur. Alors, il se venge. Je me disais qu'il y avait peut-être une petite histoire comme celle-là pour Steve. Que j'allais essayer d'être son ami sans le juger. Mais là, c'est assez, je pense. Je me fous de sa petite histoire, s'il en a une. Qu'il se sauve lui-même ! J'ai perdu assez de temps avec lui. En plus, tous les autres gars sont très sympathiques. Et presque toutes les filles.

Mentor

Presque ?

Chuck

Miranda et Charline sont épouvantables.

Mentor

Penses-tu qu'elles auraient quelque chose à voir avec ce qui est arrivé à Steve ?

Chuck

Non. Comme je vous l'ai dit, je pense qu'il s'est fait ça lui-même.

Mentor

Je vais te donner une information confidentielle.

Chuck

Encore?

Mentor

Eh oui! Le médecin affirme qu'il est impossible de se frapper soi-même aussi fort à l'endroit où Steve a une bosse. C'est quelqu'un d'autre qui lui a fait ça. Une personne qui pourrait avoir intérêt à ce que tu la protèges, peut-être?

Chuck

Christelle?

Mentor

Peut-être…

Chuck

Vous n'avez rien contre elle, hein? Elle m'a dit, pour les médicaments, le plan avec Frank, mais ils n'ont pas terminé leur plan. Elle a juste drogué le verre de Steve, elle n'a rien fait d'autre. Vous n'avez pas le droit de l'accuser.

Mentor

Tu ne trouves pas qu'elle prend beaucoup de médicaments pour quelqu'un ayant la conscience tranquille? Elle cherche à fuir quelque chose.

Chuck

C'est nous deux. C'est notre relation qui la stresse. Elle a peur de ses parents, de son père en particulier. C'est sa petite princesse. Il lui a souvent dit qu'il n'accepterait pas qu'elle ait un *chum*, il veut qu'elle se marie. Il est extrêmement sévère. Là, elle m'aime et veut qu'on se fréquente, c'est plus fort qu'elle, elle me dit. Moi, ça ne m'aurait pas dérangé d'attendre après tout ça et de rencontrer ses parents. C'est elle qui insiste, mais ça la rend nerveuse. C'est pour ça, les médicaments. C'est une grande nerveuse.

Mentor

Si tu veux croire ça, à ta guise. Mais plus elle avance dans l'aventure, moins elle est rose, notre princesse Christelle.

Chuck

Elle n'a rien fait. Elle a juste peur que Frank ait fait quelque chose pour elle.

Mentor

Je sais, elle me l'a dit aussi. Toi, tu n'en voulais pas à Steve? Tu n'aurais pas aimé lui montrer que tu n'es ni une marionnette ni un chien de poche?

Chuck

Oui. Disons que si la partie continue, je me ferai un honneur de lui livrer une compétition serrée pour toutes les épreuves. Avant, je le laissais l'emporter sur moi dans les épreuves sportives. Mais plus maintenant. Il y a un adversaire de plus sur la liste de Steve. Il l'aura voulu ainsi.

Mentor

Merci, Chuck. Tu peux aller dans ta chambre jusqu'à nouvel ordre.

Chuck dans le sas, p. 119

Interrogatoire de Christelle, p. 161

Interrogatoires du Mentor

MARIE-AUDE

Mentor

Tu n'as pas l'air dans ton assiette, Marie-Aude. Qu'est-ce qui se passe? Pourtant, tout le monde aurait besoin d'une psychologue en ce moment! Où est passée ta soif d'en savoir plus sur les comportements humains? Tu n'es allée voir ni Steve ni Miranda, qui ne va pas bien du tout, ni Christelle, qui semble avoir besoin de se médicamenter pour survivre à la pression.

Marie-Aude

J'ai le droit de prendre une pause de temps en temps. Ça fait quatre semaines qu'on est coincés ici. Je voudrais penser à moi un peu et arrêter de m'en faire pour la vie des autres.

Mentor

Ça ne te ressemble pas, cette excuse. Je te connais mieux que tu ne le crois et, depuis le début du jeu, ton intérêt est centré sur les autres Aspirants, de manière presque maladive. Loin de moi l'idée de t'offrir une thérapie, mais il y a quelque chose qui cloche. Une chose que tu me caches.

Marie-Aude

Je ne vous cache rien, mais je suis déçue. Je pensais que je les connaissais tous. Je me pensais meilleure qu'eux parce que je me maintenais un peu à l'extérieur de tout ce qui se passait, de leurs amitiés, de la compétition, aussi. J'avais comme point de vue qu'un psychologue n'est pas supposé se lier avec ses patients et qu'eux, ils étaient tous mes patients.

Mentor

Oui, c'est le point de vue que tu as adopté depuis le début. Ça semblait te convenir.

Marie-Aude

Mais je n'ai pas pu empêcher ce qui s'est passé. Ça ne me sert à rien de poursuivre mes études. Je vais toujours être celle qui est passée au Mentor l'année où tout a échoué. Celle qui a posé des questions, mais qui n'a pas eu de réponses ou qui ne les a pas écoutées.

Mentor

Tu savais le risque que tu prenais en t'inscrivant au Mentor. Ce n'est pas tout le monde qui ressort de la téléréalité indemne.

Marie-Aude

Non. C'est sûr. Je voulais de la publicité pour ma future clinique. Je voulais aussi en savoir plus sur les comportements humains. Je pensais que j'avais un sens de l'observation à toute épreuve. Mais je n'ai pas su quoi dire au bon moment. Je n'ai pas su empêcher ce qui s'est produit.

Mentor

Tu n'es pas claire. Tu penses que tu aurais pu prévenir l'incident? Que tu aurais pu faire quelque chose pour qu'il ne se produise pas?

Marie-Aude

Pas nécessairement. Je ne sais pas. Je suis vraiment épuisée. Je ne voudrais pas trahir le secret professionnel et mettre quelqu'un encore plus dans le trouble.

Mentor

Écoute, vous êtes tous sous pression, isolés, mis à l'épreuve avec, au quotidien, Steve, un candidat difficile à endurer. Je m'attendais à ce que des pulsions ressortent. Peut-être pas aussi intensément, mais on en est là. Quelqu'un a agi impulsivement, sous le coup de l'émotion, de la fatigue, et a voulu faire peur à Steve et lui donner une leçon. Voilà ce que je comprends de l'affaire. Nous trouverons de qui il s'agit et ce sera tout. Le public décidera de la suite.

Marie-Aude

Je crois que vous sous-estimez la situation.

Mentor

Je crois qu'il y a des choses que tu ne me dis pas.

Marie-Aude

Je ne voudrais pas trahir le secret professionnel.

Mentor

Marie-Aude, pardonne-moi pour ce que je vais te dire, mais : tu n'es pas une professionnelle, par conséquent, tu n'es tenue à aucun secret et finalement, tu commences à divaguer, et cela ne me rassure pas du tout sur ta santé mentale.

Marie-Aude

Je vais avoir l'air de quoi si je vous le dis… Personne ne va vouloir m'avoir comme psychologue… J'ai trahi la confiance…

Mentor

Marie-Aude, soit tu me dis ce que tu sais, si tu sais quelque chose, soit j'appelle la police et c'est toi que j'embarque.

Marie-Aude

Arrêtez les caméras ! Je veux que ça se passe entre vous et moi. J'ai des droits, en tant que témoin.

Mentor

Témoin ?

Marie-Aude

Pas exactement. Je n'étais pas exactement là quand ça s'est produit, mais je sais *qui* et *pourquoi*.

Mentor

Je ne vais pas éteindre les caméras pour te faire plaisir. Je ne cède pas à vos petits caprices d'Aspirants. Vous vouliez être filmés 24 heures sur 24, vous avez signé un papier pour ça. Assumez.

Marie-Aude

Je vous jure que je sais qui est la personne derrière la tentative de meurtre. Je vous jure que je vais vous le dire, mais il faut que vous arrêtiez les caméras. C'est vraiment plus grave que vous le pensez.

Mentor

Tu es mieux d'avoir quelque chose d'intelligent à me dire, sinon, tu es en train de te mettre dans le pétrin. C'est la dernière fois que tu essaies de contrôler le jeu: soit ce que tu me dis est percutant, soit tu quittes Le Mentor. Es-tu prête à faire ce pari?

Marie-Aude

Oui.

Mentor

Arrêtez tout!

Fiche de Marie-Aude, p. 13

Description des images avant, pendant et après l'événement, p. 31

Témoignage de Marie-Aude, p. 69

Indice du Mentor

La personne qui a attaqué Steve n'a pas agi dans son intérêt ; elle l'a fait en pensant à quelqu'un d'autre.

CONCLUSION

Les révélations de Marie-Aude méritaient amplement qu'on éteigne les caméras. Elles m'ont éclairé sur plusieurs points, plusieurs pistes qui m'avaient intrigué, mais dont je n'arrivais pas à extraire le sens.

J'ai tout fait pour être certain que mes Aspirants ne se connaissaient pas avant Le Mentor. J'ai même procédé à des enquêtes pour m'assurer qu'ils ne faisaient pas partie de familles éloignées ou de groupes d'amis communs. Mais un détail m'a échappé et le hasard fait parfois les choses à sa façon. Dans mon groupe d'Aspirants, deux personnes avaient une connaissance commune.

Les Aspirants pouvaient, s'ils le voulaient, tenir un journal. Un cahier où ils noteraient ce qu'ils avaient appris durant leur séjour sur eux, sur les autres, sur la vie. Ce document était confidentiel : quiconque lirait celui des autres perdrait tous ses points. Le 10 mai, pendant que les autres Aspirants fêtaient, Marie-Aude a prétexté un mal de tête et est montée à l'étage. Sa curiosité a été plus forte que tout. Voici ce que Marie-Aude avait à me dévoiler. Voici le journal qu'elle a lu.

2 avril

*Ça fait longtemps que j'ai envie de t'écrire de nouveau.
Je vis une expérience qui me fait penser à notre enfance,
au camp d'été du lac Archambault. On nous appelait les
sœurs siamoises, même si on ne se ressemblait pas du tout.
C'est qu'on était toujours ensemble. On se tenait par la
main et on ne se lâchait presque jamais. Je sens que tu es à
mes côtés aujourd'hui.*

10 avril

*J'aide tout le monde, ici comme à l'extérieur, mais je n'ai
jamais réussi à t'aider. Tu ne m'as pas laissé faire. Je n'étais
pas trop jeune. J'aurais compris. Je t'ai toujours comprise.
Je t'aurais dit de rester, de penser à ceux qui t'aiment. De
penser à moi.*

13 avril

*Quand je l'ai vu, je t'ai vue. Étendue, pâle, enfin sereine.
Son visage blême émergeait de l'eau. Sur le tien, on voyait
encore les traces de tes larmes. J'aurais voulu que tu te
réveilles, mais tes yeux sont restés éternellement clos. Ses
yeux à lui se sont ouverts. Son sourire, sa fierté. Il est sorti
de l'eau pour danser sa victoire et éclabousser de rouge
tout ce qui nous entourait. Il m'a pris dans ses bras pour
me réconforter. J'ai poussé ma peine et ma colère dans un
coin et j'ai trouvé la force de rire un peu, comme si j'étais
soulagée. Son T-shirt blanc et ses sous-vêtements étaient
maintenant roses à cause de la teinture. Toi, tu étais nue
dans l'eau. Comme si tu ne souhaitais rien garder de ton
passage ici. Comme si tu voulais te défaire de tout. Je revois
ton corps en apesanteur et tes cheveux déployés dans l'eau
tiède. La colère est revenue.*

26 avril

Quand j'ai su son nom au complet, mon cœur a cessé de battre. Plus je le regarde, plus il me semble le reconnaître. Je vois en lui, dans ses expressions et son énergie, les traits que tu m'avais décrits, que tu aimais tant. Je suis presque contente de le retrouver, de le voir enfin. Est-ce que j'hallucine? Est-ce bien lui? J'ai toujours voulu le rencontrer. Papa et maman m'ont répété que ça ne servirait à rien, que ce n'était pas de sa faute, que tu étais malade, que ce n'était pas la première fois que tu essayais.

3 mai

J'ai eu la confirmation, c'est lui. Nul doute n'est possible. Je sais que ce serait mieux si j'étais capable de lui pardonner, mais j'en suis incapable. Il n'a pas changé, il est le même qu'avant. Le même qui, après t'avoir dit que tu étais la plus belle, t'as humiliée; celui qui t'a écorchée sur la place publique. Il t'a tout pris et t'a laissée le cœur mort. Tu t'es enfermée si loin à l'intérieur de toi, on n'a jamais su comment t'en ramener. Je t'avais pourtant dit de ne pas lui faire confiance. Tu pensais que j'étais juste jalouse de ton bonheur. Moi, je sentais que quelque chose n'allait pas, que tout allait trop vite. J'avais raison. Comprends-moi bien, c'est à lui que j'en veux. Il a «honte» de ce qu'il t'a fait. La honte, ce n'est pas assez.

5 mai

J'ai pris la lettre de suicide. Pourquoi n'en as-tu écrit aucune? Jamais.

10 mai

Mon plan a pris forme durant l'après-midi. Tous les éléments se sont placés et ce que je dois faire m'apparaît simple, pour une fois. J'ai pris des poissons dans le grand aquarium et je les ai mis dans des vases. J'en ai choisi un spécialement beau et je l'ai appelé Gaby. Il viendra avec moi ce soir et ce sera comme si tu étais à mes côtés.

C'est ce soir que tout prend fin. Il partira un peu comme toi. La lumière va s'éteindre sur la Résidence ; elle ne se rallumera pas pour lui. J'aurais aimé lui dire pourquoi je le fais, mais j'aurais peur qu'il me fasse changer d'idée, me persuade de sa bonne volonté, me fasse douter. C'est vrai qu'il a du charisme. Il n'est pas devenu avocat comme il te l'avait dit. Pas plus qu'il ne t'a emmenée en voyage en Europe. Tu as fait un autre voyage, seule. Un voyage dont tu n'es jamais revenue. Je te rejoindrai sans doute en sortant du Mentor. Plus rien n'a d'importance. J'ai essayé d'être heureuse sans toi, mais je n'y arrive pas. Tu me manques tous les jours, depuis dix ans. La nuit m'habite. Toujours plus longue, toujours plus noire. Il y a une phrase qui me vient à l'esprit. Je ne sais plus où je l'ai lue. « Les heures les plus sombres sont celles qui précèdent le lever du soleil. »

J'espère que le geste que je m'apprête à poser me libérera de toute ma fureur, enfin, et que je pourrai partir tranquille, comme toi, vers la lumière, en ayant déjà tout pardonné.

Je t'aime.

**Procures-toi les premiers titres
de la collection**

Mène ta propre enquête !

UNE COLOMBE DANS LA GORGE

Qui a bien pu assassiner Charles Martel? Les policiers en sont venus à la conclusion qu'il s'agissait d'André Savoie, son voisin de palier. Mais est-ce vraiment le cas? Ne serait-ce pas plutôt son autre voisin adepte des théories du complot? Ou bien l'écrivain raté résidant au-dessus de chez lui? Ou encore la voisine avec qui il aurait eu une brève relation? En fait, ce pourrait être n'importe lequel des résidents de l'immeuble, tous avaient une bonne raison de commettre un crime aussi atroce. Mais qui est-ce? Et surtout, pourquoi? Ce sera à toi de répondre à ces questions!

LE CERVEAU DU CRIME

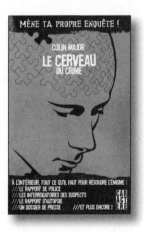

Alors qu'elle rend visite à sa mère dans un hôpital psychiatrique, Judith Bernier, une célèbre actrice québécoise, décède mystérieusement. L'enquêteur chargé de l'affaire conclut alors à un bête accident. Toutefois, quatre ans plus tard, un nouvel élément de preuve surgit et sème le doute: la comédienne aurait-elle été assassinée? Et si oui, par qui? Un fou ou un membre du personnel de l'hôpital? Et surtout, pourquoi?